OLIMPIADE

POLITIQUE

ET

MILITAIRE.

OLIMPIADE

POLITIQUE et MILITAIRE

OU

MEMOIRES et OBSERVATIONS

Sur les affaires de la République de Hollande en particulier & sur celles de l'Europe en général.

PENDANT

les quatre années 1784, 1785, 1786 & 1787.

Prævidere & prævenire.

TOME PREMIER.

M. DCC. LXXXVIII.

LETTRE

A L'EDITEUR.

La marche actuelle des événemens vous a donc rappellé, Monsieur, les Mémoires & les Lettres que je vous ai communiqués, il y a près d'un an ; vous êtes frappé aujourd'hui de la justesse du pronostic, & vous êtes également étonné & du peu d'attention qu'on a donné à des avis aussi importans, & du peu de reconnoissance dont on a payé des services aussi essentiels. Permettez, Monsieur, que je n'entre en aucune explication sur ce dernier point ; je connois trop la noblesse des sentimens des vertueux patriotes avec lesquels j'ai correspondu, pour leur imputer le tort que vous supposez qu'ils ont eû avec moi ; s'il est vrai qu'ils se soient manqué à eux-mêmes, en n'honorant pas de marques aussi légitimement méritées de leur satisfaction, un zele qui pouvoit leur être aussi utile, je suis persuadé & j'aime à croire qu'ils n'ont que cédé à des circonstances impérieuses qui s'opposoient à leur bonne volonté ; il me feroit sans doute plus facile de percer dans ces petites marches souterraines de l'intrigue & de la déférence, qu'il ne me l'a été d'annoncer d'avance la marche progressive des grands événemens qui sont au moment de fixer

A

les regards de l'Europe ; mais je me garderai bien de m'expofer aux reproches que je ne ceffe de faire à ces mêmes Républicains , pour avoir mis l'intérêt perfonel & particulier à côté de l'intérêt général. Qu'importe le fort individuel d'un homme, quand il eft queftion de la deftinée d'un grand Etat & d'une commotion dont les déplacemens qui en peuvent être les fuites, font de nature à intéreffer le globe entier & furtout notre hémifphere ? C'eft fous cet afpect feulement , Monfieur , que la correfpondance que vous me demandez peut être réellement intéreffante ; je ne me refufe point à votre demande , & je ne ferai pas affez fauffement modefte avec vous pour ne pas être avec quelque fatisfaction, au moins une fois en ma vie, jugé fur les faits , par un Public au-deffus des impulfions de la faveur & des preftiges de la prévention. Je voudrois pouvoir adopter votre idée fur la forte d'utilité dont pourra être la lecture de cette correfpondance aux gens en place & à portée de rectifier, par la fupériorité de leurs lumieres, les obfervations de l'homme même qui n'y eft pas ; cette perfpective feroit certainement pour moi d'un prix encore au-deffus de celui que j'attache au jugement du public, mais à mon âge, on eft trop éclairé par l'expérience, pour fe livrer à des efpérances auffi tardives, & il y a déjà longtems que je fuis accoutumé à ne plus les regarder que comme des illufions.

C'eſt ſur cette conviction, Monſieur, que j'exige abſolument de n'être point nommé; les Lettres que j'ai écrites, les Mémoires que j'ai donnés, ſont bien certainement à moi ; je puis en diſpoſer , & à ce titre je vous laiſſe le maître d'en faire l'uſage que vous vous êtes propoſé. Les réponſes dont on m'a honoré, & les réflexions conſignées dans ces mêmes réponſes, ne ſont entre mes mains qu'un dépôt de confiance que je dois reſpecter. J'exige donc, Monſieur, encore plus ſéverement, que le nom des perſonnages reſpectables avec leſquels j'ai correſpondu, ne ſoit ni prononcé ni déſigné; leurs vues ſont pures & l'ont toujours été ; ils ont pu s'égarer ſur les moyens, & je crois qu'ils l'ont fait; mais l'erreur n'eſt pas venue d'eux ; & je craindrois d'être involontairement la cauſe que, dans le déſeſpoir de l'inutilité de tous les ſacrifices que la plus valeureuſe des bourgeoiſies auroit faits ſous leur direction pour le rétabliſſement ſi déſiré de la conſtitution primitive; éclairée, comme elle le ſera par la publicité de ces Lettres & Mémoires, ſur ce qui auroit pu être ſi facilement exécuté, ſi on avoit profité des notions & des moyens qui y étoient indiqués , ne leur reprochât amérement d'avoir négligé la facilité qu'ils avoient de conſulter au moins ſur le remede le médecin, le ſeul qui leur expoſât auſſi nettement la cauſe, les progrès & la ſuite du mal. Je me flatte que ces reſpectables perſonnages, en liſant cette correspondance , rendront justice à la pureté de mes intentions , comme ils l'ont certainement déjà rendue, quoiqu'un peu tard , à la justesse de mes spéculations.

En vous conformant , Monsieur , aux deux clauses que je prends la liberté de vous prescrire, indépendamment de tout ce que je vous ai communiqué des différens mémoires & documens que j'ai remis tant dans l'affaire de l'*Escaut* , avant la convention de *Fontainebleau* , que sur le sujet actuel des dissentions intestines de la République jusqu'à l'époque présente, je m'engage saintement à vous faire passer , toutes les semaines , les réflexions politiques & militaires que la marche des événemens me mettra à portée de faire , & dont je crains plus que jamais, que les résultats ne soient malheureusement trop conformes à ce que j'en avois annoncé si inutilement dans un tems où il auroit été bien plus facile de prévenir que de prévoir. Je n'anticiperai point dans ce moment-ci sur le danger imminent de cette explosion générale annoncée dans le Mémoire du 8 Juillet 1785, qui est entre vos mains, & dans lequel les changemens arrivés depuis cette époque n'ont fait qu'ajouter au risque où la République batave, quoique premiere victime, ne seroit cependant que la cause occasionelle d'un bouleversement encore plus intéressant pour l'Europe & même pour le globe entier ; je me borne à en indiquer la possibilité , en désirant ardemment que l'époque ou les événemens me forceroient de rappeller cette indication, n'arrive jamais.

Dans la pofition allarmante où je trouve la république, ne penfez pas cependant, M., même malgré la préfence d'une armée formidable commandée par un Prince d'une réputation auffi juftement méritée que M. le Duc régnant de Brunfwik, que je regarde l'horofcope de la diffolution du nœud fédéral comme complettement rempli : ce qu'il étoit aifé à la République de faire, il y a dix mois, avec très peu de fang & d'argent, ne peut plus à la vérité fe faire aujourd'hui qu'avec une grande profufion de l'un & de l'autre de ces moyens précieux ; je le crois ; mais je fais en même tems qu'il n'y a point d'obftacles au-deffus de la foif de la liberté dans des ames auffi énergiquement valeureufes que celle de la bourgeoifie batave : je vais même & je vois plus loin ; c'eft que du choc des circonftances, il peut encore réfulter une réunion fincere des partis oppofés, à l'afpect du danger *collectif*, & fi la République étoit une fois rendue à cet élan de gloire vraiment patriotique, je ne doute pas qu'elle ne trouvât dans fon fein tous les moyens de réfifter aux forces accumulées que l'ambition eft au moment de réunir & de déployer contre elle.

Il n'eft pas impoffible que cette derniere réflexion, faifie par les Républicains des deux partis, qui liront cette correfpondance, ne leur en fasse faire à eux-mêmes d'assez sérieuses pour les élever au-dessus de toutes les dissentions intestines dont ils déchirent respectivement le sein de leur mere commune ; j'ose croire au moins qu'il n'y a aucun de ces Républicains qui, même en se refusant par une gloire mal-entendue à des sacrifices aussi dignes d'ames vraiment patriotiques, ne connoisse & ne sente au fond de de son cœur, que cette prompte réunion est le seul moyen qui leur reste pour conserver, en versant courageusement leur sang contre l'étranger, tel qu'il soit, qui veut leur donner la loi, la noblesse de l'indépendance que leurs peres ne leur ont acquise qu'au même prix.

LETTRE

à M. L. B. d***, du 28 Août 1786.

Monsieur, je n'ai l'honneur de vous connoître que par nombre de faits consignés dans les feuilles publiques, qui caractérisent en même tems l'élévation & la noble fermeté de votre ame patriotique. Peut-être mon nom ne vous fera-t-il pas entierement inconnu après la démarche que Messieurs de *B**** & de *G**** firent en Décembre 1784, sur un mémoire relatif aux circonstances de cette époque, que j'avois remis à Paris à M. de *B****, & que cet ambassadeur extraordinaire de la République leur avoit fait passer. Il est inutile d'entrer dans le détail des petits intérêts qui ont rendu alors mon zele & mes avis inutiles ; je pouvois être l'homme de la République, mais je n'étois pas celui du Ministere, & j'aurois tort de me plaindre d'avoir été sacrifié à l'esprit de condescendance, après tous les autres sacrifices bien plus importans qu'on a cru alors devoir lui faire. Je désire ardemment, Monsieur, m'être trompé sur les pronostics que j'ai tirés alors, & je souhaite bien sincérement que l'époque à laquelle la République en sentira toute l'importance, soit encore éloignée, & que les divisions intérieures du moment présent n'en précipitent pas l'accomplissement. C'est dans cette crainte, Monsieur, que j'adresse à l'homme d'Etat que je crois le plus capable de juger &, suivant les circonstances, d'exécuter, quelques réflexions relatives à un Mémoire que je remis, il y a quinze mois, à M. de B***, & qui a été négligé, ainsi que tous ceux que mon zele pour la plus juste des causes m'avoit suggérés. C'est sans aucune vue d'intérêt particulier & persofiel que je fais cette démarche ; elle est de ma part le tribut le plus pur de ma haute estime. Lorsque je confiai avec plus d'extension ces mêmes idées à Monsieur de *B****, il pouvoit être question de mener ces mêmes Corps à la guerre, & j'avoue que j'aurois été infiniment flatté de me voir à la tête d'une milice aussi brave & aussi distinguée. Aujourd'hui que je juge qu'il eſt beaucoup plus eſſentiel de régler leurs mouvemens pour la paix que pour la guerre, je ſens que le citoyen ſage, prudent & éclairé, eſt un guide plus ſûr à leur donner qu'un militaire expérimenté.

J'ai l'honneur d'être, &c.

Mémoire joint à la lettre précédente.

Les réſolutions violentes priſes par les Etats de Gueldres, & l'exécution qui s'en eſt ſuivie par l'ordre du Capitaine-Général, feroient un grand mal dans une République dont l'union fait la principale force, quand ce mal ne feroit que local; mais en conſidérant que cet eſprit de diſſention entre les bourgeoiſies & les Régences, eſt de nature à ſe propager avec rapidité dans toutes les villes de l'union, & que les mêmes prétentions peuvent être formées au même titre & dans le même eſprit par toutes les différentes bourgeoiſies des Sept Provinces, on ne peut s'empêcher de ſentir combien il eſt inſtant non ſeulement au bonheur de la République, mais même au maintien de ſa conſtitution, de prévenir par le remede le plus prompt, les progrès d'un mal dont les réſultats peuvent être ſi funeſtes. Quel peut être ce remede ? c'eſt là le grand objet ſur lequel il importe de ſe fixer. Toutes meſures lentes & palliatives ſont évidemment inſuffiſantes; toutes démarches violentes ſont évidemment dangereuſes. Les premieres pourront peut-

être fufpendre les coups pendant quelque
tems, mais ce ne fera que pour les rendre
plus funeftes ; les fecondes, foit qu'elles
fe bornent à l'emploi des forces intérieures
d'une province contre l'autre, foit qu'on
y appelle des troupes étrangeres, feront
néceffairement fuivies des plus grands inconvéniens par la part progreffive que,
foit à titre de prétention, foit à titre de
protection, les Puiffances voifines ne man-
queront pas d'y prendre. Tous les ref-
forts que peuvent faire jouer pendant la
durée de ces troubles inteftins, l'intérêt
perfonel, la paffion, la vengeance & l'ani-
mofité, ajouteront encore de nouveaux
obftacles ; fous tel afpect qu'on envifage les
réfultats à prévoir, on n'a que des fujets de
craindre un événement qui peut aller jufqu'à rompre le nœud de la confédération
qui fubfifte depuis un fiecle & demi avec
tant de profpérité & de gloire.

Dans le cercle de tous ces inconvéniens,
il paroît que ce n'eft qu'en ne fe laiffant pas
aveugler fur la caufe réelle du mal qu'on
pourra déterminer le remede : en rejettant
actuellement cette caufe fur l'ambition dé-
méfurée du parti ftathoudérien, & d'un
autre côté fur celle du parti démocratique,
on confondra des deux côtés l'ufage que
les uns & les autres chercheront à faire
des circonftances pour les tourner à l'avantage de leurs vues perfonnelles, avec la
véritable caufe des troubles actuels qui,
fi on n'y remédie pas promptement, amene-

ront infailliblement tous les autres. La bourgeoifie a été armée contre un ennemi étranger ; la paix a rendu pour quelque tems cet armement inutile, mais il a donné à cette même bourgeoifie armée le fentiment de fa force , & l'a mis dans le cas de réclamer par cette raifon les prétentions de fa conftitution primitive, & elle a exigé à proportion de ce qu'elle s'eft crue en état de fe faire rendre. Peut-être eût-il été plus fage , au moment même où on lui mettoit les armes à la main , de prévoir l'ufage qu'elle en pourroit faire un jour , & de s'affurer le moyen de déterminer fes réfolutions & de régler fes mouvemens relativement au bien public, d'après le jugement des véritables chefs, qui veillent à la tranquillité & à la profpérité de la République ; on a cru dans le tems qu'il n'y avoit point de moyen plus fûr pour parvenir à ce but, que de partager avec la bourgeoifie l'efpece de formation militaire qu'on l'avoit portée à prendre, & qu'il convenoit à cet effet que chacun de MM. les Bourgmeftres Régens fût colonel honoraire du Corps bourgeois formé dans fa ville ; cette idée a été foumife dans un mémoire confident à M. de B** dès le mois de Juin 1785, en appuyant fur l'avantage qu'auroit ce plan de formation fur celui qu'on avoit adopté , non feulement en cas de guerre, mais même & furtout en tems de paix. Les facrifices auxquels on étoit déjà réfolu pour obtenir la paix, l'efprit

d'économie, les difficultés qu'on prévoyoit
dans l'exécution, fans chercher les moyens
de les furmonter, & peut-être encore d'autres motifs perfonels & particuliers qu'on
ne fe permet pas de pénétrer, ont empêché qu'on ne fît toute l'attention qu'on auroit dû, à cet acte réfléchi d'un zele qu'on
croit encore avoir été auffi éclairé qu'on
eft affuré qu'il étoit pur : ce qu'on n'a pas
fait alors paroît être la feule chofe qu'il y
ait à faire aujourd'hui, & on ne croit pas
que la République puiffe éviter, ou d'être
la victime de fes propres diffentions, ou
la proie de l'ambition étrangere, fi on ne
parvient pas à réunir, avant tout, le Corps
effentiel de la nation, en réuniffant le vœu
des bourgeoifies & de leurs Régences, de
façon que le premier Bourgmeftre d'une
ville, foit le véritable Colonel de fon Corps
de bourgeois, & qu'à ce titre militaire il
puiffe s'affurer d'une obéiffance prompte &
entiere que ces mêmes bourgeois ne lui
rendroient pas dans fa feule dignité civile,
quoique chef de la magiftrature. Ce n'eft
en un mot qu'en partageant la formation
& les efforts de la bourgeoifie, qu'on peut
parvenir à les régler, & ce n'eft qu'en les
réglant qu'on triomphera de tous les obftacles qui peuvent s'élever contre le défir
vraiment patriotique d'affurer la profpérité,
la tranquillité & la fouveraineté de la plus
floriffante des Républiques.

MEMOIRE

*Envoyé à M. de L. B. d***, le 12 Septembre 1786.*

L'unité d'intérêt a fondé la République, la diverſité d'intérêt eſt au moment de la perdre.

Les forces de ſept Provinces combinées & dirigées vers un objet commun, ont obligé la plus puiſſante & la plus vaine des monarchies à reconnoître l'indépendance & la ſouveraineté dont elles jouiſſent avec gloire depuis un ſiecle & demi. Ces mêmes forces aujourd'hui diviſées entr'elles & dirigées ſur des objets perſonels & particuliers, n'auront avant peu pour protéger & aſſurer l'intérêt collectif de leur confédération, que la jalouſie reſpective des Puiſſances dont l'ambition pourroit menacer quelques-unes de leurs poſſeſſions.

La Pologne enveloppée de trois grandes Puiſſances oppoſées de ſyſtême & d'intérêt, avoit les mêmes motifs de confiance. Elle avoit de plus l'engagement ſolemnel & reſpectif que ces mêmes puiſſances avoient pris à la face des nations, de lui conſerver l'intégrité abſolue de tous ſes domaines, tels qu'elle les poſſédoit à la mort de ſon dernier Roi. Les ſuites funeſtes de cette ſécurité & des troubles intérieurs dont elle ſe déchira pendant l'interregne, ſont encore trop près de nous, pour qu'un véritable patriote, en s'en rappellant l'époque, ne s'allarme pas fur la parité du danger en voyant celle de la pofition.

La richeffe des ceffions qu'on auroit refpectivement à fe faire, le prix particulier que l'ambition peut attacher à une invafion de cette nature, par une fuite de cette paffion de commerce maritime, fi dominante aujourd'hui dans tous les cabinets, l'efpece de titre que cette même ambition peut fe faire d'un exemple déjà donné, enfin la facilité que la politique moderne trouveroit à colorer une injuftice auffi évidente, en l'expofant comme un arrangement indifpenfablement néceffaire pour prévenir ou arrêter l'embrafement général de l'Europe, ne font pas des confidérations propres à tranquillifer le patriote prévoyant fur les fuites des divifions dont il gémit.

Les vues de l'Empereur, comme Duc de Brabant, ont été trop à découvert dans l'affaire de l'Efcaut, pour qu'on s'aveugle fur celles que ce Prince conferve, ou du moins peut conferver fur l'ufage de ce fleuve.

Il eft facile de calculer celles du Roi de Pruffe fur fon intérêt de contiguité & de convenance, indépendamment de fes liaifons de confanguinité avec la Maifon ftathoudérienne.

(Note du 6 Septembre 1787. *Quand on voit quarante mille Pruſſiens, commandés par un Prince dont la gloire a déjà fixé auſſi avantageuſement la réputation, au moment de s'établir entre le Rhin & la Meuſe, en même tems que 50,000 Autrichiens complettement armés en guerre, conduiſant avec eux un attirail de pontons & un train de groſſe artillerie de cent vingt-quatre pieces de calibre, ſans compter deux pieces de 12 livres de balles, & quatre de 6 liv. attachées à chaque régiment, ſont en pleine marche pour ſe porter entre la Meuſe & l'Eſcaut, on a bien de la peine à ſe défendre de l'idée de concert & d'intelligence qu'inſpire néceſſairement à tout homme de guerre réfléchiſſant, la contiguité de deux Corps de troupes auſſi proportionnellement conſidérables, preſque ſur le même rayon d'un cercle auſſi étroit.*

En obſervant qu'une grande partie des achats pour la ſubſiſtance des deux armées, ſe fait paiſiblement dans les mêmes lieux, que les grains & les fourages deſcendent également pour l'une & pour l'autre le Mein, le Necker & le Rhin; que lorſque ces deux armées ſeront rendues au point de leurs emplacemens projettés, elles auront, au moins en partie, les communications communes avec leurs derrieres, il eſt bien difficile de ne leur pas ſoupçonner un objet commun à l'aſpect de tous ces moyens ſimultanés; ſi on ſe demande de bonne foi, ſur un ſoupçon auſſi légitimement fondé, quel peut être cet objet: quelle réponſe aura-t-on à ſe faire, ſi ce n'eſt pas celle qu'on preſſentoit à l'époque du Mémoire du 12 Septembre 1786; il y a un an?

L'Empereur annonce publiquement son indignation de l'insurgence de ses sujets flamands, & le Roi de Prusse son ressentiment de l'offense faite à Mad. la Princesse de Nassau.

On convient qu'il importe effectivement dans ce moment-ci à Joseph II, *d'en imposer par la force à des sujets exigeans, qui osent opposer avec l'ancienne fierté belgique, aux réglemens & établissemens prescrits par l'autorité souveraine, une résistance opiniâtre fondée sur les priviléges constitutionels qui leur sont réservés par le pacte inaugural & dont ils ne paroissent pas jusqu'à présent trop disposés à se départir ; mais une surabondance aussi marquée de moyens violens pour rétablir un calme également désirable pour le maître & pour les sujets, n'annonce-t-elle pas un objet ultérieur d'une espece différente ? Le Prince qui a revendiqué en Pologne des prétentions prescrites & surannées, du chef de* Podiebraz, *Roi de Bohéme, ne pourroit-il pas dans une circonstance favorable & à peu près pareille, être tenté de rappeller sur la République des prétentions d'une date moins éloignée, du chef de la branche espagnole de sa Maison ? Et qui sait jusqu'où peut s'étendre & où doit s'arrêter ce goût utile des recouvremens ?*

On ne nie pas que S. M. Prussienne n'ait été fort sensible à la nature des obstacles qui ont barré le voyage que son auguste sœur s'étoit proposée de faire à la Haye, & on conçoit aisément que ce motif a dû être celui qu'on a exprimé de préférence dans le manifeste sur lequel on a fait avancer une armée formidable sur les frontieres de la Gueldre hollandoise. La vengeance eſt toujours un ſentiment plus noble à annoncer que celui de la convenance & de l'intérêt. Mais ſi on rapproche de ce mot ſ apparent les dates de l'envoi du Colonel de Gœſau à Londres, dans le moment même de celui du Comte de Gœrtz à la Haye, qu'on compare ce envoi avec l'annonce que fit Georges III à ſon parlement, avant de le ſéparer, ſur les ſuites poſſibles des troubles de la République; ſi on ſe rappelle ſurtout que les ordres du Roi de Pruſſe ont été envoyés au Général de Gaudy & aux régimens du Généralat de Weſtphalie, les derniers jours d'Avril ou les deux premiers de mai, que c'eſt à cette même époque que le commandement en chef a été deſtiné à M. le Duc régnant de Brunſwick, ainſi qu'il étoit annoncé par une lettre de l'auteur du Mémoire en date du 6 du même mois de Mai, conçue en ces termes :

,, Ce ne ſont plus, Monſieur, des rai-
,, ſonnemens ni des conjectures, mais une
,, confirmation réelle de ceux & de celles
,, que j'ai eu l'honneur de vous communi-
,, quer depuis ſix mois ; vraiſemblablement
,, au moment que je vous écris, vous aurez
,, reçu plus directement la même nouvelle ;
,, mais je la tiens ici, moi, d'origine, par
,, quelqu'un de ſûr qui étoit encore avant-
,, hier à Hildesheim , & qui a vu de ſes
,, yeux la lettre d'un Miniſtre pruſſien à
,, un ami particulier, dans laquelle il y a ce
,, paſſage : *Malgré tout ce qu'on a pu dire &*
,, *faire, il eſt décidé que les affaires de Hollande*
,, *nous feront tirer l'épée ; cela ne peut plus*
,, *s'éviter.*

,, Le

„ Le même homme a su positivement
„ que le même jour que les ordres sont
„ partis pour le Général de *Gaudy* &
„ pour les Corps de Westphalie, il a été
„ expédié un courier à M. le Duc régnant
„ de Brunswick qui, une demi-heure après,
„ avoit pris la route de Berlin, où ce Prince
„ avoit eu plusieurs entretiens particuliers
„ avec le Roi, & étoit reparti immédiatement après pour sa résidence, sans que
„ rien eût transpiré sur l'objet de son arri-
„ vée ni sur celui de ses conférences avec
„ le Monarque ; mais mon ami qui connoît
„ parfaitement le Général de *Gaudy*, croit
„ que le commandement de ce Corps ne
„ lui a été donné qu'*ad interim*, & que le
„ véritable Commandant en chef sera le
„ Duc régnant de Brunswick.

„ Il m'a parlé de 12 régimens entre les-
„ quels il m'a nommé Salemon & Wolffers-
„ dorff, infanterie, avec Rohr, cavalerie.
„ Les premieres brigades d'artillerie se-
„ ront tirées de Wesel & de Cleves ; les
„ régimens qui forment les garnisons de
„ ces places , se porteront au premier
„ mouvement par Emmerich & Rhées sur
„ Arnhem.

„ J'ai cru, Monsieur , que ces détails
„ étoient assez intéressans à la direction
„ des mesures qu'on a déjà prises chez
„ vous, ou qu'on se propose de prendre,
„ pour vous les faire parvenir par la mê-
„ me voie que mes lettres précédentes, &
„ j'envoie à cet effet un exprès à ... dont

„ je fuis actuellement éloigné de douze
„ lieues; l'état & les relations de l'homme
„ fur la parole duquel je vous écris tout
„ ceci, méritent la plus grande attention;
„ je ferai de retour, le 14, & dans le cas
„ où vous croiriez avoir quelque chofe à
„ m'écrire de relatif à ce que je vous mar-
„ que, mon adreffe fera toujours la même.
„ J'ai l'honneur d'être, Monfieur, &c. „

Il eft évident, je crois que toutes ces mefures déjà prifes au 6 de Mai, devoient avoir un autre objet que celui de venger une offenfe qui n'a eu lieu que deux mois après. La fatisfaction avec laquelle Frédéric II s'eft complu dans fes dernieres difpofitions teftamentaires, à citer fon acquifition de la Pruffe occidentale, eft un exemple dangereux pour un fucceffeur qui, avec le noble & jufte défir de l'égaler, a déjà acquis le droit de compter fur fes propres talens pour y parvenir : Que les gens de guerre le jugent d'avance fur ce qu'il pourra faire, par ce qu'il a fait à la retraite de Trautenau.

La faine politique a prefcrit dans tous les tems de calculer bien moins fur les promeffes des Princes, que fur leur intérêt, & il fera toujours prudent, malgré leurs engagemens même les plus folemnels, de s'armer de précaution contre tout ce qui leur fera poffible. La juftice eft fans doute, dans l'ordre moral, la premiere vertu des Rois; mais il eft un âge dans la vie où la gloire ne laiffe que la feconde place à l'équité, & Jofeph II ainfi que Frédéric Guillaume font précifément à cette époque climatérique. Tant que les grands moyens dont l'un & l'autre peuvent

difpofer, fe balancent refpectivement, cette oppofition eft l'égide de la tranquillité & de la
fureté publique; au moment où ces Puiffances fe
rapprochent & paroiffent fe concèrter, c'eft le
fignal d'allarme qu'il convient d'entendre; non
pour en être effrayé ou abattu, (il eft des nations qui, dans aucun cas, ne doivent jamais
douter de leur reffort & de leur énergie,) mais
pour prendre à tems les mefures les plus convenables pour donner à cette énergie l'occafion de
fe déployer avantageufement. La Hollande eft
menacée, & la Hollande peut n'être qu'un pont;
c'eft la tête de ce pont qu'il faut défendre contre
l'ennemi; c'étoit peut-être là qu'il falloit le gagner de vîteffe, ou plutôt, par un emploi facile,
il y a huit ou dix mois, des moyens que la partie
patriotique de la République avoit à fa difpofition, opérer, par un acte éclatant de vigueur
fagement médité & vivement exécuté, la réunion
(de gré ou de force) de tout ce qui étoit armé
dans la République, fous la même banniere, &
furtout prévenir, par cette union au moins apparente, celle que l'ambition peut avoir formée, &
qui, fi elle exifte, ne l'a été qu'à la faveur d'un
déchirement auffi propre à affurer le fuccès d'une
invafion concertée.)

Il refte à la vérité à la République dans
la perfpective des fuites poffibles de fes
diffentions actuelles, la jufte confiance
qu'elle peut mettre dans l'intérêt que la
France prendra à fa confervation, & pour
elle-même & en vertu des engagemens
pris par cette Puiffance dans fon dernier
traité.

On eſt aſſurément bien éloigné d'élever le plus léger ſoupçon ſur la ſincérité de toutes les promeſſes faites au nom du Roi, & ſur la ſcrupuleuſe exactitude avec laquelle toutes les clauſes du Traité ſeront remplies dans l'occaſion ; mais on obſerve en même tems que c'eſt aux ſept Provinces-Unies que la France s'eſt engagée, & que ces ſept Provinces n'ayant plus aujourd'hui le même vœu, il peut être embarraſſant pour un miniſtere circonſpect de réſoudre cette difficulté.

On ne ſe permet pas de ſuivre cette réflexion & moins encore de prévenir celles qu'un patriote éclairé ne manquera pas d'y joindre de lui-même, ſur l'influence dominante de cet eſprit de conciliation qui va toujours à n'éviter un grand mal que par un moindre, qui regarde toujours le mal du moment comme le plus grand, & qui, par une ſuite de cette eſpece de principe infiniment dangereux en politique, s'eſt plié à la ceſſion de la Crimée ſur la Mer noire & à celle de Lillo ſur l'Eſcaut.

Quelle que puiſſe être la cauſe réelle des diſſentions, ſoit qu'on la reſtreigne aux prétentions des bourgeoiſies ſur les Régences, ſoit qu'on l'étende juſqu'à l'uſage que les deux partis cherchent à faire de ces diſpoſitions pour les tourner à l'avantage de la cauſe qu'ils ſoutiennent, il n'en eſt pas moins certain que de l'état des eſprits & des choſes, il en eſt réſulté d'abord une rivalité fâcheuſe entre les troupes régulieres & ces compagnies bourgeoifes, partie fi effentielle du Corps national, dont elles feroient la force principale, fi elles étoient armées, dirigées & employées comme elles pourroient l'être. (*)

De telle façon que fe vuide cette querelle entre deux Corps qui ont les armes à la main, le réfultat en fera toujours au détriment de la force collective.

La nouvelle fciffion qui s'en eft fuivie par l'oppofition d'une partie des troupes régulieres contre l'autre, entraînera après elle des malheurs encore plus grands, par la néceffité où fe trouvera l'efprit de parti qui les fait marcher, d'appeller l'étranger pour les foutenir & les *contenir*; on fe fert de cette derniere expreffion de contenir, pour indiquer dès ce moment-ci de quelle conféquence pourra être cette prédilection intérieure que tout militaire confervera au fond du cœur pour le Prince dont il a pris l'attache, & que le Corps entier de la confédération lui a donné pour chef immédiat avec les pouvoirs les plus étendus; il n'y auroit, *il n'y a* qu'une parfaite unanimité de tous les ordres de la nation qui puiffe

____

(*) Ceci eft relatif à un plan de formation propofé par l'auteur du Mémoire, & remis à la Haye à M. d***, le 29 Juin 1785. La brave bourgeoifie pour laquelle il avoit été fait, le lira dans cette Correfpondance, & elle le jugera, d'après fon propre cœur, fur les dégrés de convenance qu'elle y remarquera avec la fierté de fon génie.

B 3

prévaloir fur un fentiment auffi naturel,
& il n'eft pas vraifemblable que la fimple
majorité le faffe, furtout tant que la voix
du peuple aura befoin d'être étouffée par
l'autorité, pour ne pas manifefter des fentimens qui, pour être contraints, n'en font
peut - être intérieurement que plus vifs.
Jufqu'où peut donc aller la confiance du
Général qui commandera ces troupes, s'il
doit les mener combattre comme ennemi,
celui qui a été leur Capitaine-Général, qui
l'eft encore pour une partie de l'armée, &
qui doit finalement le redevenir pour tous,
en vertu de la fanction légale qui a fait de
fa dignité, non feulement fon patrimoine,
mais même celui de toute fa defcendance?

On ne prévoit pas que ces difpofitions
morales des troupes aillent jufqu'à caufer
une défection générale des Corps, mais on
ne peut s'empêcher d'en prévoir une partielle très confidérable, & d'un exemple
infiniment dangereux pour la fidélité & les
fervices de ce qui reftera au drapeau. (*)

Pour fixer fes idées fur les fuites poffibles de cette funefte levée de bouclier,
il importeroit de jetter un coup-d'œil un
peu réfléchi fur l'état de fermentation dans
lequel le Roi de Pruffe vient en mourant

(*) Vérifié, il y a quelques mois, par la défertion
d'une grande partie des régimens formant le cordon aux
ordres du Général *Van-Ryffel*. On n'ofe prévoir dans
ce moment - ci ce qui peut arriver au premier fuccès
d'une armée Boruffo-ftathoudérienne.

de laiſſer l'Europe, & ſur le nouveau dégré
d'activité que cet événement, tout prévu
qu'il ait été, ne peut manquer d'ajouter à
cette fermentation générale; on ſentira tout
le poids de cette réflexion, en conſidérant
qu'à dater de la paix de Teſchen, le feu Roi
de Pruſſe a paru regarder toute la gloire de
ſa vie militaire, comme un tréſor acquis,
qu'il n'étoit plus queſtion pour lui que de
conſerver, & qu'il n'auroit certainement
expoſé aux haſards d'une nouvelle guerre
qu'à ſon cœur bien défendant. La ligue germanique dont ce Prince a été le promoteur,
il y a un an, eſt une preuve ſans doute des
reſſources de ſon génie, mais elle eſt en
même tems l'indice des diſpoſitions où étoit
ce grand Prince, à la fin de ſa carriere, de
mettre en négociation ce que vingt ans
auparavant il auroit décidé avec l'épée. Ce
tréſor de réputation acquis à *Frédéric II*, eſt
à acquérir pour *Frédéric Guillaume*, & le déſir d'occuper de lui la renommée, eſt d'autant plus naturel à un Prince dans la vigueur de l'âge & dans la ſaiſon de la vie la
plus faite pour les élans de la gloire, qu'il ſe
voit ſoutenu dans cette carriere par les plus
grands moyens en tout genre, & peut-être
encore plus par le ſentiment de ſes propres
talens, & qu'à la rivalité de puiſſance, il
n'eſt pas impoſſible qu'il ne s'en joigne une
perſonnelle, d'un caractere encore plus
ſtimulant. Et ce jeune Monarque eſt Duc
de Gueldres, maître de Cleves & de We-
ſel, beau-frere de ce Stathouder devenu

aujourd'hui l'ennemi de cette république de laquelle il tient des charges éminentes, non seulement héréditaires aux Princes ses fils, mais même transmissibles sur la tête des Princesses ses filles, dans les Maisons où elles prendront des alliances, & dont il importe conséquemment aux Maisons Royales de Prusse & d'Angleterre qui en ont la premiere expectative, de conserver l'intégrité. (*)

Si on ajoute à ce motif qui n'est que personel pour le Roi d'Angleterre & pour la branche de Lunebourg, la jalousie & le ressentiment que conserve le cabinet de Saint-James de l'alliance de la France avec les Etats-Généraux, l'inquiétude que lui causent (quoi qu'on en dise à Londres) le progrès des travaux de Cherbourg, les mouvemens de Tippo dans l'Inde, le rétablissement de Pondichery, l'extension qu'on cherche à donner au commerce d'Afrique &c. &c. &c., on peut présumer d'avance le parti final que prendra ce même cabinet, en embrassant la cause opposée au vœu de la Puissance rivale. Cette observation ac-

---

(*) On croit avoir droit de présumer que cette considération a été le motif réel de l'envoi du Colonel de *Gosau* à Londres, & que dès cette époque les deux Maisons de Prusse & de Hanovre se sont entendues, unies & concertées, en attendant l'adhésion de l'Angleterre même sur laquelle il ne paroît pas qu'on ait pu avoir des doutes à la lecture de ce qui est exprimé dans le paragraphe suivant.

quiert un nouveau dégré de force en penfant que l'efpece d'éloignement perfonel
qui s'oppofoit à toute confiance réelle entre *Georges III* & *Frédéric II*, pourroit être
remplacée depuis l'avénement de *Frédéric
Guillaume* au trône, par des fentimens d'un
tout autre genre, & il y a déjà quelques
indices affez marquans pour le faire croire.

C'eft ainfi qu'une étincelle tombée du
flambeau que la difcorde agite dans l'intérieur des Provinces qui ne font plus unies
que de nom, peut porter le feu dans les
deux mondes.

Mais fans anticiper fur cette époque (qui
pourroit cependant n'être pas fort éloignée,) revenons au point actuel pour juger fi effectivement un intérêt local qui au
premier coup d'œil paroît concentré entre le Rhin, la Meufe & l'Efcaut, peut &
doit à la fin embraffer une étendue auffi
vafte qu'on vient de le dire.

Les troupes de la Province d'Hollande
marcheront par leur gauche pour couvrir
leurs frontieres, donner confiance aux
bourgeoifies, protéger Utrecht, & enfin
s'oppofer au Corps ftathoudérien, national ou étranger. (*)

Quelles feront les réfolutions de la Zélande ? (**)

____

(*) C'eft ce qui a été fait & fpécialement par les
mêmes motifs.

(**) Le parti d'oppofition ouvertement embraffé par
cette province, les démarches qu'elles a faites vis à vis

Si on dégarnît les places de la généralité, qui en remplacera les garnifons?

Seront-ce des troupes françoifes? Cette
deftination (fi elle doit avoir lieu) fe fe-
ra-t-elle du confentement du Gouvernement de Bruxelles?

L'Empereur les agréeroit-il contre les
réclamations de la Cour de Londres?

N'y auroit-il pas à craindre que ce Prince
ne fe proposât lui-même pour être le gar-
dien de ces mêmes places, & qu'il n'ap-
puyât cette propofition de l'importance
dont il pourroit être pour lui qu'elles ne
fuffent pas expofées à paffer, par une fuite
des événemens de la guerre, entre les mains
d'un ennemi qui d'un jour à l'autre peut
devenir le fien?

En acceptant cette propofition, qu'en ar-
riveroit-il? En la refufant, qu'en pourroit-
il arriver?

Et quand lès chofes n'en viendroient pas
à ce point, pourra-t-on s'étonner ou fe
plaindre fi ce prince, fous le prétexte fpé-
cieux de mettre fon territoire à couvert
de toute efpece de violation, fait paffer un
corps confidérable de fes troupes dans la
Flandre autrichienne, pour remplir cet
objet? Quel fera, ou du moins, quel pourra

---

de l'Angleterre, les avis qu'elle a ouverts aux Etats-Généraux &c. &c. &c., ont vérifié la prévoyance de la
queftion qu'on donnoit à méditer au vertueux & noble
patriote auquel ce mémoire, du 12 Septembre 1786, étoit
adreffé.

être dans un moment favorable au succès des vues étendues de ce Prince, l'emploi réel de ces troupes? Ne seroit-il pas de la prudence de le calculer & de le prévoir dès aujourd'hui, sur l'usage qu'il s'étoit proposé de faire, il y a dix-huit mois, d'un semblable moyen?

(Note du 7 Septembre 1787. Des circonstances étrangeres à ce qu'on prévoyoit, il y a un an, font marcher dans ce moment-ci cinquante mille Autrichiens, qui, réunis au corps commandé par le Comte de Murray, formeront à l'Empereur dans ses Pays-Bas une armée de soixante mille hommes effectifs. Il y auroit à l'auteur du Mémoire une présomption ridicule à tirer avantage d'un événement qu'il n'avoit certainement pas prévu, mais ce même événement n'en ajoute pas moins à la possibilité d'exécution de la chose prévue; cette armée, de telle façon que les choses s'arrangent avec le peuple flamand, sera sur les lieux & à portée d'y exécuter l'ordre de son maître, pour effectuer tout ce qui pourra ramener plus promptement & consolider efficacement l'union du souverain & des sujets. Il ne peut être pour Joseph II d'autre objet de conquête vis-à-vis de son peuple Belgique, que celui de leurs cœurs; & quel moyen plus propre à cicatriser toutes les piqûres qu'a pu faire la violation de quelques priviléges réservés par la Joyeuse-Entrée, que le baume salutaire de la libre jouissance de l'Escaut & de la pleine communication de ce fleuve à la mer? En faisant entrer cet acte de bienfaisance dans les arrangemens d'un nouveau pacte entre le maî-

tre & les sujets, ne seroit-il pas possible qu'on parvînt par ce moyen, pris sur des voisins hors d'état de s'y opposer par leur désunion, à infirmer dans le cœur reconnoissant de ces mêmes Flamands, les allarmes d'oppression auxquelles ils se sont livrés; & comment oseroient-ils encore prononcer ce mot d'oppression, après cet acte éclatant de bienfaisance?)

On se perd avec douleur dans le labyrinthe de ces différentes spéculations, & on ne voit qu'un seul fil pour en sortir; ce fil est la plus prompte réunion des ordres de l'Etat & des Provinces, par le sacrifice sincere de cette animosité respective qui a mis si indiscretement l'intérêt personel & particulier à la place de l'intérêt général. Si la simplicité efficace du moyen déjà indiqué dans la note qui accompagnoit la lettre du vingt-huit du mois dernier, pour opérer solidement la réunion des Régences & des Bourgeoisies, avoit besoin pour réussir, d'être préparée par la destitution de quelques-uns des chefs dont le nom seul enflamme l'animosité du parti opposé, il n'y auroit pas un instant à perdre pour en faire le sacrifice; si ce sont de véritables patriotes, ils se dévoueront d'eux-mêmes; si un prétendu honneur personel balançoit dans leurs ames l'amour & le besoin de la patrie, ils seroient dès lors indignes de la dénomination dont ils affectent de s'honorer; ce n'a été que par le faisceau des sept Fleches réunies, que la République a triomphé de tous les obsta-

cles qu'elle avoit à furmonter pour fe former ; ce n'eft que par le même moyen
qu'elle peut aujourd'hui fe conferver en fe
rendant impofante à fes ennemis & confidérable à fes alliés ; car il ne faut pas s'y tromper : Avec les réfolutions les plus franches
& les plus magnanimes de la part du Roi,
avec les vues les plus pures de fon miniftere , & même avec la plus nerveufe efficacité des fecours que la France fournira ;
fi l'effort principal ne vient pas de la République même , il y auroit plus que de
l'indifcrétion à faire fonds fur ceux d'un
allié, qui, quoique très puiffant, peut être
forcément déterminé, (même par une fuite
prefqu'inévitable des circonftances qui ré-
fulteront du parti qu'il aura pris dans la
querelle de la République , & de l'explofion générale que cette malheureufe affaire occafionnera vraifemblablement ,) à
porter ailleurs pour fa propre défenfe &
celle de fes poffeffions , la plus grande
partie des troupes qu'il auroit deftinées au
foutien de fon nouvel allié. En un mot :
ce n'eft qu'en comptant principalement fur
elle - même , que la République peut faire
fonds fur les autres ; cette affertion eft
d'une vérité trop frappante & trop impérieufe en politique , pour avoir befoin d'être
difcutée.

Tel parti que prenne ou paroiffe prendre la Cour de Vienne dans les premiers
momens, foit que *Jofeph* II fe pare de fa
fidélité aux claufes d'un Traité conclu fous

les auspices & la médiation du Roi son
beau-frere, soit qu'il saisisse cet instant de
troubles & d'embarras pour élever des
doutes & former de nouvelles prétentions,
en interprétant en sa faveur quelques articles ambigus de la convention de Fontainebleau, ce Prince offrît-il sa médiation
dans la vue de s'en faire auprès de la République un titre de déférence, allât-il
même jusqu'à offrir ses troupes pour la défense du territoire républicain, on ne
peut s'empêcher de regarder la confiance
que la République prendroit en lui, comme
quelque chose de plus que de l'imprudence.
Aux yeux de l'homme de guerre éclairé qui
a dit la vérité (*), même aux yeux & au
jugement de celui qui a eu apparemment
quelques raisons pour se refuser à une évidence dont il est impossible qu'il n'ait pas
été frappé, cette cession de Lillo, si importante à la défense & à l'attaque des
places du Brabant hollandois, n'est pas de
nature à laisser de doute sur l'usage que ce
Prince s'est proposé d'en faire pour rendre
à son port d'Anvers son ancienne célébrité,
objet toujours privilégié & permanent de
ses spéculations. Que les vues de *Joseph II*

(*) Dans différens mémoires qui feront tous partie
de cette Collection, & spécialement dans celui qui fit
au mois de Juillet 1785, le sujet d'une conférence
à la Haye à l'hôtel d'Amsterdam, avant la convention
de Fontainebleau.

ſoient ouvertes ou cachées , la République doit prudemment toujours ie regarder comme ſon principal ennemi *poſſible* ; & ſi à ce titre, elle ceſſe d'être en
garde contre lui, elle s'expoſera à être
d'un inſtant à l'autre victime de ſa dangereuſe crédulité: content au fond du cœur
de voir la France & la Pruſſe oppoſées de
ſyſtême & de force, il eſt trop de l'intérêt
de ce prince d'exciter cette méſintelligence,
pour ne pas ſe prêter à tout ce qui peut
l'augmenter & l'aigrir, mais quoiqu'il faſſe,
c'eſt ſur *l'intention poſſible* , qu'il eſt d'une
juſte prévoyance de le juger. On le répéte ,
l'Empereur allât - il juſqu'à propoſer de
donner ſes troupes pour la défenſe de la
République , on croit que ce ſeroit encore
le cas de ſe rappeller le *timeo Danaos*, & de
ſe conduire en conſéquence.

Plus un auſſi grand Prince annonce de
vues , plus il déploie de talens , plus il mon-
tre d'activité , & plus il importe de le ſur-
veiller non ſeulement ſur ſes actions, mais
même juſques ſur ſes arriere-penſées.

On ne ſauroit trop le redire , la République a en elle-même tous les moyens de
défendre & même de réformer ſa conſtitution, au point de revenir contre les réglemens de 1674, & même contre tout ce qui
a été ſanctionné à la révolution de 1747;
mais ce n'eſt que dans une union réelle &
ſincere de vues d'intérêt , de moyens &
de forces qu'elle peut ſe flatter d'y parve-

nir. Plus de chofe publique, fi on continue à fe livrer à la chofe individuelle.

En admettant que la France regarde la caufe & le vœu de la Province d'Hollande, comme la caufe & le vœu de la confédération entiere ; (cette fuppofition eft gratuite, ou du moins elle peut d'un inftant à l'autre le devenir (*) ;)

En admettant que tous les Corps à la folde particuliere de la Province de Hollande, fideles à leur Souverain & obéiffant au chef qui leur fera donné, oublient que celui qu'ils vont combattre a été leur Capitaine-Général par le vœu de toute la confédération, & qu'il doit finalement le redevenir pour tous ;

(*) Les objets traités dans l'affemblée des Notables, & les triftes révélations de M. de *Calonne* pourroient faire augurer à beaucoup de gens que dans un concours auffi multiplié d'embarras intérieurs , la France par des raifons économiques & forcées, fe verroit obligée d'éviter , (fût-ce même en facrifiant une partie de fa gloire & les intérêts de fes alliés,) les dépenfes extraordinaires où l'entraînera néceffairement une nouvelle guerre, mais on eft bien éloigné d'adopter ici cette façon de juger ; peut-être eft-ce au feul cri de guerre & de gloire qu'il eft réfervé au Souverain de lever tous les obftacles & de trouver toutes les reffources pour parer au paffé & à l'avenir. Que cette réflexion mûriffe & s'étende dans la tête de l'homme fupérieur qui veille actuellement aux deftinées de cette monarchie , & on ne doute pas que ce trait de lumiere , après avoir échauffé fon cœur, n'embrafe celui de toute la nation.

On

(On sent tous les doutes qui s'élevent contre cette seconde supposition.) (*)

Si on admet en même tems qu'un Corps auxiliaire de douze ou quinze mille Prufsiens bien commandés, & peut-être par le Roi lui-même, vienne se joindre sur l'Yssel au Prince stathouder (1), & qu'on confi

---

(*) Ils ont été levés depuis, de façon à ne justifier que trop combien ils étoient fondés.

(Note du 7 Septembre 1787. *Ce n'est pas un corps de douze ou quinze mille auxiliaires, mais une armée de quarante mille hommes commandés par un prince dont la valeur éclatante & le talent éminent à la guerre ont été également admirés, & par ceux qu'il a servis, & par ceux qu'il a combattus, Et ce Prince est le chef d'une maison illustre entre les souveraines; Et cette maison est celle du Duc Louis de Wolffenbuttel, de cet ancien feld-maréchal, dont les griefs personels contre le parti patriotique exposés dans la déduction qu'en a faite le célébre Schlœtzer, n'ont pas laissé que de faire une grande sensation dans l'Empire, sensation telle, qu'il ne seroit pas étonnant qu'elle eût été un des véhicules de ce concert frappant, avec lequel toutes les Puissances d'Allemagne, de tous les ordres, semblent se préparer dans ce moment-ci à une explosion quelconque qui par l'uniformité des moyens, paroît annoncer au spéculateur attentif l'intérêt général de leur confédération entiere.*

On n'anticipera point ici sur les événemens qui

dere avec quelle facilité & quelle célérité
ce Corps, s'il est insuffisant, pourroit être
augmenté par un reverfement des Généra-

---

peuvent réfulter de ces dispofitions menaçantes,
au-delà de ce qui en a été indiqué dans la note
de la page 14 de cette collection, et de ce qui avoit
été annoncé dans une lettre du 2 de mars dernier
qui fe trouvera à la fuite. On fe borne fimplement
à faire obferver, qu'indépendamment des mouvemens réels et fimultanés des deux grandes armées
Autrichienne et Pruffienne, les troupes Bavaroifes
et Palatines, celles de Heffe, de Saxe, de Hanovre et de Brunfwick font actuellement prêtes à
marcher au premier fignal ; Que cet ordre d'une
marche prochaine (dont on ignore l'objet) eft
déjà défigné, et que ce n'eft furement pas pour
être refpectivement oppofées les unes aux autres.
Il eft certain qu'il y a eu des Traités de fubfides
finon conclus, du moins négociés même avec les
cours eccléfiaftiques des bords du Rhin, à Mayence, à Cologne et à Treves ; On fe demande quel
peut être le but d'une coalition auffi nombreufe
de moyens impofans, quand on ne voit aucun
ennemi contre lequel l'Empire réuni ait à les
diriger.

On ne fe permettra de fe répondre que par une
feule réminifcence ; C'eft en fe mettant lui-même
à la tête d'une confédération originairement formée contre lui, que le Roi régnant de Pologne eft
parvenu à la faire concourir à fes vues ; on laiffe au
temps, qui dévoile toute vérité, à expliquer l'ana-
logie de cette citation.)

lats des Marches & de Magdebourg fur
celui de Weftphalie, dans la proportion
des fecours que la France feroit paffer à
fon alliée, on fentira qu'alors la partie principalement intéreffée, n'étant plus la partie
principalement agiffante & ne fe trouvant
à la fin en quelque façon, que le prête-nom de la grande querelle de deux Puiffances du premier ordre, toutes les opérations feront néceffairement fubordonnées
à l'intérêt dominant de la grande Puiffance
qui aura embraffé la querelle de la République, &, fans s'appefantir fur le détail
de toutes les fuites de ce nouvel ordre de
chofes, lorfqu'il fera queftion d'approvi-
fionemens, de fournitures & furtout de
quartiers d'établiffement ou de cantonne-
ment les plus convenables à la fureté militaire (ce qui ne peut que très difficilement
avoir lieu fans une violation quelconque
des priviléges & des franchifes d'une bourgeoifie libre & jaloufe de fes droits,) fans
prévoir les partis violens, peut-être défef-
pérés que le reffentiment peut faire prendre à cette même bourgeoifie contre ceux
qu'elle appellera alors les auteurs de tout
ce qu'elle aura à fouffrir : En fe bornant
feulement à confidérer les pertes énormes
que feront l'agriculture, l'induftrie, le com
merce, & fpécialement combien peut en
fouffrir cet entretien journalier fi néceffaire de tous les ouvrages qui font la fureté du plus beau pays de l'univers, & qui,
faute de foins, pourroient dans un feul

jour en faire le plus malheureux; on ne peut s'empêcher de prévoir & de craindre tous les dangers de la plus funeſte anarchie. C'eſt au moins à ce période de malheurs, qu'on eſt forcé de reconnoître la poſſibilité d'exécution de ce plan fatal qui, en rapprochant toutes les puiſſances alliées & ennemies, ſauveroit à peine à la partie centrale de la République un reſte de ſouveraineté plus précaire peut-être encore, que celle qui eſt reſtée à la Pologne depuis ſon partage.

Ce n'eſt point en s'aveuglant ſur le danger & en plaçant dans un tiers la confiance qu'il pourroit prendre en lui-même, que le brave homme s'éleve au-deſſus des périls & des obſtacles ; c'eſt en fixant ce même danger ſous tous les points de vue poſſibles, qu'il doit en même tems fixer ſes réſolutions & déterminer ſes moyens.

C'eſt uniquement dans cette vue , & pour y concourir, autant qu'il eſt en lui, que l'homme que la longue expérience d'une vie laborieuſe & toujours occupée, a mis à portée de réunir quelques connoiſſances politiques & militaires, a cru devoir placer ces réflexions ſous les yeux de l'homme d'Etat qu'il eſtime le plus propre à les juger par la ſureté & la perſpicacité de ſes lumieres, en même tems que le plus en état de les faire adopter à ſes collegues, par ſa juſte influence ſur l'eſprit de ſes concitoyens : S'il pouvoit reſter à l'auteur de ces mêmes réflexions, un juſte

fouvenir de la forte d'ingratitude dont on
a payé les fervices qu'il a déjà rendus à
la République, & furtout négligé ceux qu'il
étoit capable de lui rendre , c'eft encore
par de nouveaux fervices du même genre
qu'il eft dans fon cœur de s'en venger.

MEMOIRE

*Remis à M. V*** B***, le 29 Juin 1785.*

Frappé de la quantité de traits héroïques
que l'hiftoire noûs a confervés à la gloire
du patriotifme de la bourgeoifie Batave à
l'époque de la grande révolution qui après
80 ans de combats & de travaux, fixa enfin l'indépendance & la fouveraineté de
leur heureufe république ; convaincu que
cette valeur originaire fe retrouve toujours dans des ames républicaines , &
qu'elle ne fe perd jamais dans un pays,
où la fortune, la réputation & la confidération publique font en quelque façon des
propriétés individuelles pour des hommes
qui fe fentent eux-mêmes faire partie de la
fouveraineté, où ils font repréfentés par
des chefs qui font leurs peres & non pas
leurs maîtres ; perfuadé que ce fentiment
de fa propre exiftence, fi propre à exalter
l'ame & les forces, doit avoir une énergie
d'autant plus vive, que la fortune & la
tranquillité de chacun en particulier eft

plus étroitement liée avec la gloire & la prospérité publique ; je crois avoir eu rai-son de regarder cette même bourgeoisie , (si elle est dirigée & employée convenable-ment à son génie & à son courage) comme le boulevard le plus sûr de l'indépendance & de la liberté collective , dans toutes les circonstances les plus critiques , au dedans & au dehors.

Telle avantageuse que fût l'idée que je m'étois faite de la bonne volonté de la bourgeoisie armée , ce que j'en ai vu dans les différentes villes où j'ai passé, & particulierement à Amsterdam , a encore ajouté à la confiance que je mettois dans ce moyen, dont le prix est tel à mes yeux aujourd'hui, que si j'avois à choisir dans certaines circonstances données, entre l'em-ploi de dix mille de ces braves enfans de la patrie . & celui de vingt mille hommes des meilleures troupes régulieres de l'Eu-rope, je n'hésiterois pas un instant à lui donner la préférence.

Mais j'avoue en même tems que je ferois bien éloigné d'avoir de ce même Corps, tout sûr, tout valeureux qu'il soit au fonds, la même opinion & de mettre la même confiance dans les services qu'on en tirera dans l'occasion, si on continue à suivre la marche qu'on a prise, d'en former des es-peces de bataillons à *l'inflar* de l'infanterie soudoyée & reguliere de l'Etat.

Plus de quarante ans de services militai-res , dont l'intervalle a été constamment rempli par l'amour, l'étude & la pratique de mon métier, ont dû me mettre à portée de sentir, autant que qui que ce soit, tous les avantages de cette tactique & de cette discipline militaire, consacrée & fixée en quelque façon par le plus expérimenté des Rois & des guerriers ; mais je sais en même tems que les troupes de ce Prince, ainsi que toutes les autres troupes régulieres de l'Europe, sont composées de sujets payés pour faire aveuglément la volonté du chef qu'on leur donne, sans qu'il leur soit permis d'avoir eux-mêmes une volonté : Je sais de plus que telles valeureuses que soient ces mêmes troupes, leur courage personel est toujours subordonné à l'action générale des Corps, & que le grand mobile, le premier mobile, le mobile essentiel du succès avec des troupes régulieres, est avant tout dans l'exactitude, l'ordre & la précision la plus scrupuleuse de tous ses mouvemens. Je sais encore que cette exactitude scrupuleuse, cet ordre invariable indispensablement nécessaire dans une quantité d'évolutions compliquées, cette promptitude dans la charge des armes, cette précision dans l'art de les manier & d'en faire usage, cette habitude de maintien & de fermeté *méthodique* qui tient souvent lieu de courage, & dont le courage ne tient jamais lieu dans la tactique ordinaire, je sais, dis-je, que tout cela ne s'apprend qu'avec le tems, avec une soumission absolue, avec une attention non

partagée , & je crois voir que pour mettre les volontaires bourgeois au point où
ils fe propofent eux-mêmes de parvenir,
le tems peut être infuffifant: Que tel ardent que foit leur zele, l'affiduité & la
foumiffion peuvent les fatiguer & qu'il eft
prefqu'impoffible , dans l'ordre moral de
leurs difpofitions intérieures, que des citoyens poffeffionnés , occupés de plus
grands intérêts publics ou perfonels, s'af-
treignent à ne s'attacher qu'aux feuls exercices de leur bataillon; je ne crains pas
même d'avancer que, tel noble que foit
pour tout le monde , fans exception, le
métier de foldat, je doute fort qu'un bourgeois volontaire qui contribue lui-même à
la folde journaliere des troupes qu'il paie
pour le défendre , foit à la longue flatté de
n'avoir à remplir que les mêmes fonctions
de fon ftipendiaire , de ne faire que ce que
fait fon ftipendiaire, &, tels efforts qu'il
faffe, de ne faire que moins bien que lui; car
dès que la précifion, l'exactitude décident,
il faut néceffairement que le foldat régulier ait l'avantage fur le foldat volontaire.

C'eft en defcendant dans mon propre
cœur que je juge celui des braves citoyens
qui fe dévouent librement à la défenfe de
leur patrie , & qui, en le faifant, combat-
tent pour leur propre fortune , leur liberté,
leur confidération , leur exiftence individuelle, & je trouve que cet élan précieux
de courage patriotique n'eft pas fait pour
être circonfcrit dans une chaîne auffi uni-

forme de devoirs quotidiens & réguliers,
& qu'il eſt impoſſible que ces mêmes devoirs
ne lui paroiſſent pas à la longue au-deſ-
ſous de lui, par le ſentiment intérieur qui
l'éleveroit fort au-deſſus de toute forme
méthodique, s'il étoit employé, comme il
lui convient réellement de l'être.

Si le roi de Pruſſe étoit aſſez heureux
pour pouvoir diſpoſer dans de certaines
circonſtances, qu'il ſeroit aſſez habile
pour préparer & faire naître à la guerre,
d'une eſpece d'hommes auſſi rare, auſſi ſure,
& auſſi intéreſſée à ſe ſacrifier pour la patrie;
(cette ſuppoſition ne peut avoir lieu dans
un pays gouverné par un maître) j'oſe
croire ſur ma vénération reſpectueuſe pour
les lumieres éminemment ſupérieures avec
leſquelles ce grand prince juge les hommes
& les choſes, que, ſachant mieux que qui
que ce ſoit, que la véritable Tactique, la
Tactique victorieuſe eſt l'emploi le plus
avantageux des hommes & des terrains, *tels
qu'ils ſont* (2), bien loin d'aſſimiler un corps

„ Céſar dont aucun guerrier ne pronon-
„ ce le nom qu'avec reſpect, & dont les
„ Commentaires feront toujours le plus
„ ſûr catéchiſme de tout homme qui fait
„ profeſſion des armes, Céſar qui battoit
„ les Gaulois avec les Germains, & les
„ Germains avec les Gaulois, ne chercha
„ jamais à plier l'un & l'autre de ces peu-
„ ples à la Tactique romaine; il les em-

de cette espece, à la formation, à la tenue
et aux exercices multipliés de ses troupes
stipendiaires & régulieres, ne balanceroit
pas à perfectionner le plan de formation

„ ploya habilement & utilement tels qu'ils
„ étoient, & il les étudia avant de les em-
„ ployer, il distingua parfaitement entre ce
„ qu'il pouvoit attendre des uns & des au-
„ tres. *Galli, viri bellicosi, bellum amant, novi-*
„ *tatibus student;*

„ *Germani, a pueris, duritiei & laboribus rei*
„ *militaris student.*

„ César connoissoit également la valeur
„ des termes & des hommes, & c'est sur
„ cette connoissance réfléchie du *goût* des
„ uns & de la *constance* des autres qu'il ré-
„ gla l'usage qu'il fit des deux peuples dans
„ son armée.

„ Si le Divan rassasié d'humiliations &
„ excédé des exigeances renaissantes des
„ deux Cours Impériales, sort enfin de
„ l'espece de *torpeur,* où il est resté en-
„ gourdi depuis le traité de Canardgi, &
„ que la guerre se rallume entre la Russie
„ & la Porte (on regarde actuellement cet
„ événement comme décidé) on jugera
„ peut-être par la conduite des armées ot-
„ tomanes combien il eût été préférable de
„ substituer aux demi-leçons de tactique &
„ de discipline que quelques missionaires
„ militaires ont donndes aux Turcs depuis
„ quelques années, une étude réfléchie
„ de la part des missionaires, des moyens in-

que je propofe, qu'il s'y attacheroit, & qu'il
y attacheroit la plus grande confiance ; s'il
étoit même poffible, avant d'adopter mes
idées fur un objet fi important pour le moment préfent & pour l'avenir, de les étayer
de la décifion & du jugement de ce grand

„ *digenes* que ce peuple avoit en lui-même,
„ quand il feroit conduit, mû, pofté & di-
„ rigé convenablement à fon génie, pour
„ combattre, & même avec avantage fes
„ ennemis les plus difciplinés; l'empire de
„ l'habitude & du préjugé ne fe détruit pas
„ dans un peuple ignorant & fuperftitieux,
„ on ne change point fes difpofitions mo-
„ rales pour lui en faire adopter d'étran-
„ geres à fon fol. L'habile homme (on a
„ le droit de le dire après s'être appuyé
„ de l'exemple & de l'autorité de Céfar)
„ ne croit pas que ce foit le génie natio-
„ nal qu'il faille plier à la tactique, mais
„ que c'eft au contraire cette même tac-
„ tique qui, dans les combinaifons du Gé-
„ néral éclairé, fait prendre toutes les for-
„ mes pour aller à fon objet, qui doit fa-
„ voir fe plier au génie de la nation donc
„ elle regle les mouvemens. On feroit
„ prefque tenté de comparer les efforts
„ qu'on a faits pour tranfplanter la tacti-
„ que pruffienne chez les Turcs, aux ten-
„ tatives qu'ont faites plufieurs Princes
„ du Nord] en plantant des mûriers pour
„ élever des vers à foie. „

Maître, je folliciterois comme une grace qu'on lui en donnât communication ; & je ne m'abftiens de le faire que par la raifon prédominante de l'importance abfolue dont il eft que le fecret foit gardé fur les préparatifs, d'autant que je prévois, & cela par des motifs juftement réfléchis, & fur une marche exactement calculée des événemens, que, fi la guerre a lieu, les fuites d'un premier fuccès que je regarde comme immanquable, feront telles, qu'elles anéantiroient tous les projets de l'Empereur, & lui feroient entièrement perdre toute fa premiere campagne. C'eft à cette époque que j'ofe me flatter que le plus grand juge d'un talent dont il eft lui-même le modele daignera, par une approbation publique, accorder à l'auteur de ce plan, le prix le plus flatteur qu'il puiffe défirer, après celui de l'avoir vu auffi effentiellement utile au falut & à la gloire de la république.

Dans l'expofition fuccincte que je fais dans ce moment-ci à l'homme d'Etat auquel je foumets cet aperçû, je n'entrerai point dans les détails particuliers d'économie & d'exercice ; il jugera aifément combien tous ces détails particuliers font faciles à déterminer dans la proportion convenable, dans la même forme à peu près qu'ils le font dans les corps de troupes régulieres. & qui ne ferviroient dans ce moment-ci, qu'à diftraire de l'attention réfléchie qu'il convient de porter fur le plan général ;

Je fupprime par la même raifon tout ce

qu'il y auroit à dire fur le maniement des armes que je propofe, & les ordres de marche & de combat; je me borne uniquement à annoncer que le commandement fera toujours fimple, toujours uniforme; que tous les mouvemens qu'il y aura à exécuter exigeront fi peu de tems pour l'inftruction, que dans l'efpace de quinze jours au plus, & même moins, il n'y aura pas une feule troupe bourgeoife dans les fept Provinces qui ne fache parfaitement tout ce qu'elle aura à faire dans l'occafion, & je fuis intimement convaincu que la façon dont elle l'exécutera devant l'ennemi, couvrira la République de gloire, à la face de toutes les nations.

Je crois ne pouvoir mieux préparer un efprit jufte & pénétrant à bien faifir mon idée & à en apprécier les avantages, qu'en mettant fous fes yeux deux traits de la guerre de fept ans.

Le premier eft du 18 juin 1757 à la bataille de Kollin.

Les deux régimens hongrois de *Jofeph* & de *Nicolas Eftherazi*, chargés par une brigade d'infanterie Pruffienne foutenue d'artillerie, prirent la courageufe réfolution, leurs cartouches étant épuifées, de paffer rapidement leurs moufquets à la grenadiere, & de fe jetter le fabre à la main dans la plus réguliere des Infanteries; ils la culbuterent & la forcerent de reculer, avec une très grande perte en morts et en bleffés.

Le fecond trait eft de l'année 1759 dans la même guerre.

Le général *Jahnus*, (qui depuis est mort
commandant à Hambourg) étoit à la tête
d'un corps d'infanterie irréguliere de trois
mille cinq cents hommes, dans les gorges
du comté de *Glatz*, d'où il génoit prodigieu-
fement tous les convois qui devoient paffer
de Siléfie en Saxe pour l'armée du Roi de
Pruffe ; Le général *Fouquet* qui commandoit
dans cette province pour S. M. Pruffienne,
raffembla fix mille hommes d'infanterie de
fes garnifons, et marcha avec un corps auffi
confidérable et feize pieces de canon au
Général hongrois, pour le furprendre &
affurer, par la défaite de ce corps d'irrégu-
liers, la tranquillité de la marche de ces
convois, ce qu'il ne doutoit pas d'exécuter
facilement avec un corps auffi fupérieur en
nombre et en moyens ; *Jahnus* fut effectivement furpris de cette vifite inattendue,
mais il n'en chercha pas moins à parer avec
gloire un coup auffi dangereux. Il prit en
conféquence le parti à la vue de l'infanterie réguliere de *Fouquet*, de fe mettre promptement en bataille fur le penchant d'une
colline, appuyant chacune de fes ailes à
deux petits bois, dont il jugeoit bien que
le Général expérimenté auquel il avoit
affaire, ne manqueroit pas de faire la reconnoiffance, avant de former fon attaque :
Il jugea de plus que cette reconnoiffance par l'efpace que les obfervateurs auroient néceffairement à parcourir pour fe
porter à l'extrémité du bois, & le tourner,

ne pouvant être faite qu'à nuit tombante, le Général Prussien se contenteroit de le garder à vue, et remettroit au lendemain matin une attaque dont le succès devoit lui paroître d'autant plus sûr qu'il seroit plus éclairé. Ce que *Jahnus* avoit prévu arriva effectivement, &, à nuit close, l'habile hongrois détacha différens petits pelotons de sa ligne avec ordre de se glisser sur les flancs et les derrieres de la ligne Prussienne pour l'inquietter par un petit feu continuel, (espece d'allarme qu'on ne peut jamais hazarder qu'avec des troupes de la fidélité desquelles on est parfaitement sûr, & qu'il seroit trop dangereux de confier à des stipendiaires dont il ne faudroit qu'un seul déserteur pour trahir le secret;) Le général *Fouquet* ne manqua pas, comme l'auroit fait tout autre général expérimenté, d'ordonner à sa ligne de se replier sur elle-même pour former un quarré qui, ne prêtant plus aux tirailleurs hongrois que la quatrieme partie de son front, faciliteroit aux gardes avancées sur chacune des faces du quarré le moyen de répondre par un feu égal et même supérieur à celui des petits pelotons hongrois; C'est sur cette disposition prévue des Prussiens que le Hongrois régla la sienne; Tous ces petits pelotons détachés vinrent successivement avant le jour reprendre leur place dans sa ligne, qui forte dans toute son extention de 3500 hommes pendant que celle des Prussiens par sa réduction, n'offroit plus qu'un front de

1500 hommes, fe trouva, par cette adroite difpofition, dans le cas de combattre avec fupériorité contre un ennemi numériquement deux fois plus fort qu'elle ; A l'aube du jour, & avant que *Fouquet* eût fait fon déployement pour fe remettre en ligne, *Jahnus* fe précipita, le fabre à la main, fur les flancs du quarré Pruffien, mit cette infanterie fi réguliere dans la déroute la plus complette, lui tua 1200 hommes, lui enleva fon canon, fit au delà de 2000 prifonniers, & en rendant compte de cet événement à M. le Maréchal de Daun, s'excufoit modeftement de ne point envoyer de drapeaux, uniquement parce que les Pruffiens n'en avoient pas.

PLAN

PLAN

DE FORMATION

Des Compagnies bourgeoises & des Corps francs de la République.

L'uniformité étant indispensable à la guerre, pour simplifier l'ordre et l'exécution dans les corps chargés du même service,

On estime que toutes les compagnies bourgeoises des différentes villes des sept Provinces - Unies, ne devroient former qu'un seul corps national sous le nom de VRYWILLIGE UNIONS BURGERSCHAP, dont Leurs Hautes Puissances les Etats généraux, feroient colonel suprême.

Ce corps feroit divisé en Phalanges dont chacune porteroit le nom de sa ville, en auroit les armes dans son drapeau, et auro't pour Colonel honoraire son premier Bourgmestre.

Lorsqu'une ville fourniroit à elle seule plusieurs phalanges, elles feroient seulement distinguées par les noms de premiere, seconde, troisieme & quatrieme, par exemple d'Amsterdam, & chacune d'elles auroit pour Colonel honoraire le premier, second, troisieme, quatrieme, de ses Régens.

Chaque Phalange feroit composée de quatorze compagnies d'infanterie & d'une seule compagnie à cheval.

Dans le cas où il faudroit réunir pour la

formation d'une phalange, le contingent en bourgeoisie, de plusieurs villes différentes, cette phalange porteroit dans sa banniere les armoiries réunies des villes contribuantes, et son Colonel honoraire pourroit être alternatif entre les premiers Bourgmestres de chacune de ces villes, en réglant cet arrangement sur l'ordre de séance & d'ancienneté qu'elles tiennent entr'elles dans l'Etat.

L'infanterie de chaque phalange seroit rangée & marcheroit sur quatre rangs, dont le premier et le quatrieme seroient armés de piques de sept pieds de longueur, garnies d'une hampe acérée et tranchante assez forte pour être également propre à arrêter la cavalerie & à percer une infanterie ennemie :

Le second et le troisieme rang seroient armés, moitié de haches d'armes d'une juste longueur, et moitié de sabres, non pas de la forme de cet inutile couteau à poignée de cuivre, qui porte le nom de cette arme au côté du soldat actuel, où il n'est que pour le poids et pour la parade ; mais de sabres d'une excellente trempe, de la forme des sangiacs Turcs, que l'on estime les plus propres à l'usage meurtrier que les volontaires qui en seroient armés auroient à en faire, en se mêlant dans la troupe qui leur seroit opposée, pendant que leurs piquiers, l'arme baissée, en pénétreroient fièrement les rangs, et ne laisseroient à l'ennemi, par ce double effort, d'autre parti à prendre que celui de la retraite la plus précipitée, pour tâcher de se porter à une distance où il eût le temps de se remettre en état de faire usage de son canon et de sa mousqueterie:

C'est alors que la compagnie des Volontaires à cheval, se partageant par petites troupes, et prévenant les fuyards par la vélocité de sa marche, en empêcheroit la réunion, & et en coupant les traits des chevaux destinés à traîner le canon, pourroit completter par cette opération le succès de la phalange.

C'est à ce seul service et à celui d'éclairer, en se portant en avant la marche de la phalange, à porter les ordres du général, ou à lui faire passer les nouvelles du succès que doit se borner l'emploi des volontaires à cheval, ne pensant pas que dans telle circonstance que ce soit, il puisse convenir, telle bonne volonté qu'ils en marquassent, de les faire combattre en troupe contre aucune cavalerie réglée, ni même contre des hussards ou des corps francs à cheval.

Chaque compagnie de la Phalange seroit composée de cent hommes commandés par deux capitaines, dont le plus ancien de tous feroit Commandant de phalange; Il y auroit de plus dans chaque compagnie deux Lieutenans et deux Sous-lieutenans, sans sergens ni autres bas officiers, la simplicité de l'ordre sur lequel la Phalange aborderoit l'ennemi, & la valeur individuelle de chacun des combattans, rendant dans ce corps l'emploi de Serre-

file auffi inutile qu'ileft effentiel et même néceffaire au maintien de l'ordre dans un
bataillon régulier d'infanterie foudoyée.

Il n'y auroit qu'un feul Porte-Enfeigne
dans la Phalange.

Le fervice de la compagnie à cheval exi-
geant un plus grand nombre de commandans pour chacune des fubdivifions dans
lefquelles elle fe partageroit, il conviendroit qu'on joignît encore quatre maré-
chaux des logis, aux fix officiers fupérieurs
qui y feroient attachés, comme aux compagnies d'infanterie.

Ce corps entier de Volontaires de toutes
les villes de l'union, auroit un infpecteur
& commandant général, auquel le plus ancien capitaine, commandant particulier de
chaque phalange, feroit le rapport de tout
ce qui la concerneroit, & ce commandant
général rendroit compte lui-même de tout
à chacun de MM. les Bourguemeftres Co-
-lonels dont il demanderoit, recevroit
et fuivroit toujours les ordres fur toute
efpece de diftribution, manutention & emploi quelconque.

Le commandant & infpecteur général du
corps uni des volontaires ne recevroit à la
guerre l'ordre que de MM. les députés du
Comité de guerre, et lorfqu'il feroit queftion d'une expédition dans laquelle, partie
ou totalité des phalanges pourroit être
avantageufement employée, il pourroit
concerter cette expédition avec le général
en chef des troupes régulieres de la Répu-

blique, mais toujours fous les ordres & en
préfence des feigneurs du Comité de guerre
& il rendroit compte tout de fuite du réfultat de cette conférence, & du parti qu'on
y auroit pris, à MM les Bourgmeftres Colonels pour recevoir leurs ordres et leur
approbation par écrit.

Dans des cas inftans où il feroit indifpenfable d'agir fans pouvoir recevoir l'ordre
de MM. les Bourgmeftres Colonels, le
Commandant général pourroit être auto-
rifé à le faire, non par l'ordre du Général
en chef, mais fur celui des feigneurs députés
du Comité de guerre, qui, dans ce cas, le
donneroient à l'infpecteur général par
écrit.

Dans toutes les occafions de guerre où
le commandant général fe mettroit à la tête
d'une ou de plufieurs Phalanges, Tous MM.
les Commandans particuliers feroient à
fes ordres.

Ces Phalanges bourgeoifes n'étant uniquement deftinées qu'à la défenfe de la patrie, et par la nature même de leurs armes
ne devant jamais combattre l'ennemi qu'au
plus près, elles ne doivent avoir à faire
aucun fervice de garde ni de corvée à l'armée, dont elles ne feront partie qu'au moment même du combat, lorfque les circonftances permettront à leur valeur de fe déployer avec une énergie décifive.

Les phalanges ne camperoient jamais,
mais elles feroient diftribuées par leur infpecteur général dans les villes & bourgs

à portée de l'expédition à laquelle il jugeroit qu'elles pourroient être avantageuſement employées, et ce feroit là qu'elles
attendroient les ordres que leur feroit
paſſer leur Commandant général, d'après
ceux qu'il auroit reçus lui-même de MM.
les Colonels Bourgmeſtres ſes commettans,
ou dans une circonſtance inſtantedes ſeigneurs du comité de guerre.

Tel grade militaire qu'ait le commandant
général du corps uni de la bourgeoiſie armée
il ne prendroit ni rang ni jour à l'armée,
ou il ne feroit au quartier général, que
comme un ſimple Volontaire, excepté dans
les occaſions où il meneroit à la guerre les
Phalanges dont ilrégleroit et commanderoit
feul & en chef toutes les expéditions, fous
l'ordre ſupérieur de MM. les Bourgmeſtres
colonels qui auroient reçu ſon ſerment, et
l'auroient fait recevoir à LL. HH. Puiſſances, comme colonel ſuprême.

Tel eſt le fonds et l'enſemble d'un plan
qui peut avoir beſoin d'être rectifié dans
quelques points ſur les convenances de la
conſtitution civile, mais qui certainement
à la guerre, feroit plus propre qu'aucun autre
moyen pour procurer àla République des
avantages incalculables, d'autant plus précieux qu'ils feroient abſolument & uniquement perſonels à cet Etat & que l'emploi d'un
moyen auſſi victorieux ne dépend que de la
République ſeule, qui le porte dans ſon ſein,
que rien ne peut être ni plus impoſant pour
ſes ennemis, ni plus important pour ſes

alliés que de lui voir prendre un parti
qu'elle seule, entre toutes les puissances de
l'Europe, a et peut avoir à sa disposition.

Du 10 Septembre 1787.

C'est au corps entier même de la bourgeoisie Batave que l'auteur adresse publiquement aujourd'hui ce plan de formation :
Il a été fait pour elle, c'est à elle à le juger
d'après ce sens intime d'élévation et de
courage que l'amour de la liberté a gravé
dans son cœur : C'est aux enfans des Rui-
ter, des Treslong, des Simoonzon des de
Rich, des Vanderderf, &c. à décider si
cette façon de combattre, comme il n'appartient qu'à eux de le faire, est vérirable-
ment celle qui convient de préférence à
leur énergie *natale* : C'est à ces mêmes citoyens, souverains *essentiels* des villes qu'ils
habitent, aussi éclairés sur les formes de
leur constitution qu'ils se montrent jaloux
d'en défendre les droits, qu'il appartient
de prononcer sur les avantages qu'ils auroient à se promettre, au dedans et au dehors, de l'exécution du plan qui leur est
proposé ; C'est à eux à en calculer l'utilité
pour l'avenir, et pour les aider dans ce
calcul, on se borne à leur indiquer seulement ce que trois mille d'entr'eux armés de
cette façon & dirigés par un chef intelligent
& assez réfléchi pour n'avoir rien négligé de
tout ce qu'auroit prescrit une juste prévoyance, auroient pu exécuter (et facilement) pen-

dant une feule des nuits d'hiver du féjour que la cour Stathouderienne a fait à Nimègue, De quelle conféquence, dans la fuppofition plus que vraifemblable du fucçès, n'auroit pas été pour la République un événement dont le premier effet auroit été la réunion de toutes les troupes régulieres fous la même banniere, et quelles facilités n'auroit pas procuré cette réunion, pour celle ou réelle, ou au moins apparente des efprits? Que d'embarras, que de dangers, Que de maux réels peut-être n'aurait pas prévenus une expédition de cette nature, jugée dès lors néçeffaire, comme on le verra par la fuite de cette correfpondance? Quelles facilités la bourgeoifie d'Amfterdam n'au-roit-elle pas trouvées lors de la fédition du Kattembourg, et depuis cette époque toutes les bourgeoifies des différentes villes, dans l'emploi d'un moyen auffi impofant contre l'infurgence du peuple et contre les menées fouterraines de ceux qui le font agir, fans être forcé, comme on l'a été de recourir à l'ufage aveugle & bruyant d'armes dont la feule explofion eft elle-même le plus grand & le plus fcandaleux des défordres dans une Cité? C'eft en regardant ainfi derriere lui qu'on invite le citoyen éclairé à prévoir de quelle conféquence il peut être pour l'avenir de fe mettre en état d'agir, comme il lui convient de le faire, dans des cirçonftances, rares à la vérité, mais toujours décifives.

Dans le tems même que ce plan fut pro-

poſé, l'auteur avoit bien preſſenti lui-même
une partie des difficultés qui devoient balancer les réſolutions des vertueux patriotes qui en feroient les juges conjointement
avec celui auquel il en fit hommage à la
Haye, il y a plus de deux ans ; il ne s'étoit
point diſſimulé qu'il y auroit néceſſairement quelques obſtacles à vaincre pour
concilier conſtitutionnellement les droits
individuels de ſouveraineté de chacune des
Provinces , & ceux de la repréſentation
individuelle de chacune des villes dans la
même province , avec la réunion collective
de toutes les bourgeoiſies de ces villes &
Provinces dans un ſeul & même Corps ,
ſubdiviſé en différentes phalanges patriotiques ; mais il avoit vu en même tems , ou
du moins il a cru voir, & voit encore dans
ce moment même , que ce plan n'en étoit
pas moins calqué fondamentalement ſur
celui de la conſtitution de la République
conſidérée collectivement, & que ſous cet
aſpect, & avec les rapprochemens qui devoient réſulter de cette conformité, il étoit
impoſſible qu'on ne trouvât pas, en s'en
occupant ſérieuſement, les moyens d'écarter tous les obſtacles qui pourroient en
gêner l'exécution ſi ce plan étoit véritablement reconnu auſſi avantageux qu'il lui paroiſſoit être.

Il avoit vu que l'influence directe & ſou-
veraine de chacun de MM. les Bourgmeſtres Colonels ſur leurs phalanges, la réac-
tion de la volonté de ces mêmes phalanges ſur

les réfolutions & les ordres de leurs Bourgmeftres, & finalement le dernier rapport que
ce Corps devoit avoir avec les repréfen-
tans du pouvoir national collectif, Leurs
Hautes Puiffances les Etats-Genéraux,
Colonel fuprême d'un Corps auffi diftin-
gué, & lui-même principalement repréfen-
tatif de la nation, n'étoit en quelque façon
qu'une image militaire de la conftitution.
civile de la République, & à ce titre, conféquemment infiniment plus propre qu'aucun autre moyen, indépendamment des
grands avantages qu'on en tireroit à la
guerre, à rétablir & confolider l'union des
parties au tout, & du tout aux parties ;
ces réflexions étoient de nature à lui faire
efpérer que des confidérations auffi importantes détermineroient le Corps patriotique à facrifier noblement tous ces
petits obftacles accidentels à l'intérêt ma-
jeur, au grand intérêt de gloire & de fureté commune.

C'eft aujourd'hui à la collection de toutes ces ames fi noblement échauffées du
feu de l'amour de la patrie, éclairées, comme elles font, fur les convenances de leur
conftitution & de leur prérogative civile,
que l'auteur adreffe le même plan; c'eft à
ces mêmes patriotes à méditer fur les tempéramens à adopter pour fe rapprocher
le plus, & le plutôt poffible de cette formation, s'ils l'agréent, c'eft à eux-mêmes
à propofer ces tempéramens à leurs Régences, & ce feroit peut-être encore à
eux à les leur prefcrire.

(59)

C'eſt dans ces mêmes *Doels* où leurs peres s'exerçoient à tirer avec juſteſſe pour être plus en état de défendre leurs villes, leurs libertés & leurs priviléges, c'eſt dans ces mêmes *Doels* où ils viennent de s'exercer, à ſubſtituer à cette adreſſe individuelle le feu collectif d'un bataillon, en adoptant les principes de la tactique ſtipendiaire ; c'eſt dans ces mêmes *Doels* qu'après s'être patriotiquement conſultés, ils doivent prendre leur réſolution, & ce ſera encore dans ces mêmes *Doels* qu'en moins de 15 jours cette valeureuſe bourgeoiſie pourra être parfaitement inſtruite de tout ce qu'elle aura à faire dans une tactique dont elle trouvera les principes dans ſon propre cœur, & dont les réſultats couvriront de gloire dans l'occaſion une patrie qui doit leur être chere, & qui leur eſt effectivement chere à tant de titres.

On applaudit dans ce moment-ci au zele qui a pu élever des hommes libres & poſſeſſionnés au-deſſus de l'idée repouſſante d'étudier pour ne devenir que les émules & les égaux de ceux qu'ils payent pour les défendre; mais on n'en juge pas moins qu'il eſt très inſtant de fixer cette ardeur généreuſe ſur le plan dont l'eſquiſſe vient d'être miſe ſous leurs yeux; il eſt évident d'abord, que cette maniere de combattre les tirera de pair, & s'ils l'adoptent, ils peuvent être aſſurés que dans toutes les nations de l'Europe, ils n'ont point de concurrence à craindre.

Du 12 Septembre 1787.

La guerre eſt donc enfin formellement déclarée entre la Porte & la Ruſſie, & M. le Duc régnant de Brunſwick décidément prêt à entrer ſur le territoire républicain ; le voile eſt déjà levé aux deux extrémités du grand Tableau d'exploſion générale eſquiſſé dans preſque toutes les Lettres & Mémoires de cette collection ; c'eſt le cas au moins de ſoupçonner la nature des rapports que ces deux événemens auxquels il n'y a plus moyen de ſe refuſer, peuvent & *doivent* avoir avec ceux qui, pour n'être pas encore à découvert, n'en ſont peut-être pas moins tout prêts à l'être, dans la partie centrale du même tableau, & ne pas attendre que le tems ait levé tout le voile en entier pour prendre des meſures toujours néceſſaires en bonne politique, mais qui dans le moment actuel peuvent être ſi particulierement inſtantes. La République n'a pas un inſtant à perdre, c'eſt ſur elle que le ſpéculateur fixe principalement ſes réflexions. En ſoumettant, comme il vient de le faire, au jugement du Corps national de la bourgeoiſie Batave le plan de formation militaire qu'il croit le plus convenable à ſon génie & à ſa conſtitution, il eſt bien éloigné de penſer que ce Corps précieux & diſtingué doive jamais ſuppléer à un Corps d'armée ſtipendiaire, formée & conduite ſur les principes généra-

lement adoptés par la Tactique moderne; non
feulement il eſt convaincu de la néceſſité indiſpenſable où ſe trouve la République d'a-
voir le plutôt poſſible une armée égale en
nombre , et en moyens de toute eſpece
à celle qui vient dans ce moment-ci lui
donner la loi, mais il ne balance pas à lui
annoncer que ſi cette même bourgeoiſie
dont il fait tant de cas, préſume aſſez de
ſon zele et de ſes études pour oſer ſe com-
promettre en ligne devant une armée Pruſſienne , elle s'expoſe évidemment à être la
victime de ſa préſomption , le général auquel elle a affaire, ne fît-il que la fatiguer ,
la laſſer et l'épuiſer par des mouvemens ,
des déploiemens & des développemens ,
dont il ſaiſira toujours l'occaſion avec la plus
grande pénétration , & que les troupes à
ſes ordres exécuteront toujours avec la plus
grande rapidité ; ce ne peut être qu'avec des
hommes auſſi rompus que les Pruſſiens à la
marche , à la charge & aux évolutions qu'on
peut eſpérer des ſuccès en manœuvrant régulierement ; Il faut acheter cette eſpece
d'hommes, & c'eſt ce ſang là qu'il faut répandre en ligne. Celui du bourgeois Batave doit
couler auſſi ſans doute, mais ce n'eſt que dans
les occaſions où le courage libre , individuel
& volontaire peut raiſonnablement ſe flatter
de triompher de l'ordre , de la fermeté &
du maintien méthodique , contre leſquels
la valeur la plus intrépide viendra toujours
s'émouſſer, ſe briſer & à la fin ſe perdre ,
tant que les troupes régulieres auront

l'efpace pour elles. Les occafions où le fang patriotique doit être verfé feront rares, on l'a dit, & il convient effectivement qu'elles ne fe renouvellent pas fouvent ; mais on a ajouté qu'elles feroient décifives, & elles le feront certainement contre telles troupes que ce puiffe être dans le plan de formation & dans la forme de combat propofés, lorfque l'on aura été affez adroit pour préparer & faire naître ces fortes d'occafions, ou affez pénétrant pour faifir à propos celles qui fe préfenteront d'elles-mêmes. Si la tête a bien conçu & dirigé, on peut être fûr des bras.

On le repette ; il faut à la République une armée, comme fi la bourgeoifie ne devoit jamais combattre, lorfque cette bourgeoifie combattra, ce ne fera que pour vaincre, jamais pour fe défendre ; auffitôt qu'elle aura complettement rempli fon objet, ce fera derriere ces bataillons réguliers qu'elle viendra fe repofer de fes fatigues, & qu'elle en partira tout de fuite pour aller fe féliciter dans fes foyers au fein de fa famille des fervices fignalés qu'elle aura rendus à la patrie.

Mais au moment que l'ennnemi eft déjà au milieu de nous, lorfque les engagemens que les Princes de l'Empire paroiffent avoir pris entr'eux ne nous permettent plus de négocier en Allemagne des fubfidiaires, lorfqu'il nous manque des hommes pour remplacer les vuides que l'infidélité a déjà faites dans nos Régimens, & préve-

nir ceux qu'une nouvelle infidélité peut
encore nous faire éprouver dans ce qui
nous refte, où trouver, & comment former cette armée indifpenfablement néceffaire? où? dans le zele, dans la bourfe individuelle de chaque citoyen. Mais l'Etat
n'a pas le droit de l'exiger? D'accord; mais
qui en a le pouvoir doit en avoir la volonté, c'eft dans cette circonftance que l'entoufiafme de quelques-uns doit entraîner un
entoufiafme général; Qui facrifie fa vie pour
la liberté doit y facrifier fa fortune. L'indépendance doit être plus chere à un vrai Républicain que l'une & l'autre. Rappellez-vous
votre valeureux compatriote du batteau
de Tourbes. Enfans de ces Peres géné-
reux, le tréfor de la République eft à préfent dans vos cœurs; Il ne faut pas vous y
méprendre (cette crife eft au delà des dangers ordinaires, & c'eft par des moyens au
delà de ceux qu'on emploie ordinairement
qu'il convient de la foutenir. C'eft dans la
fortune particuliere de chaque Batave que
la liberté doit puifer et répandre même avec
profufion, tout ce que l'induftrie ne peut
pas avoir amaffé pour l'employer dans une
occafion plus importante. Doubler la paye
des foldats, tripler les engagemens, avec
la précaution de ne les payer que proportionnellement au tems que le foldat reftera
au drapeau, prodiguer les gratifications au
courage utile, punir les lâchetés avec la plus
grande févérité, tenir fcrupuleufement les
capitulations, et n'en faire que de courtes,

car la liberté engagée pour un temps trop long cherche à briser sa chaîne ; avec tous ces moyens réunis & publiquement annoncés, Vous demandez encore où prendre des foldats tout faits et tout inftruits? où? dans les armées mêmes qui viennent vous combattre ; celui qui fe vend le fait prefque toujours le plus cher qu'il peut, & quand vous aurez pris le parti qu'on vous indique, ce feront vos ennemis actuels qui feront bientôt vos défenfeurs. Ce n'eft pas dans ce moment-ci un affaut de troupes à troupes que la République ait à faire, c'en eft un d'argent ; que les patriotes fondent leurs cœurs & leurs coffres, il ne dépend que d'eux que l'avantage leur refte. Ce n'eft plus au calcul parcimonieux à régler proportionnellement les contributions, c'eft à l'enthoufiafme individuel à les déterminer. Que tous les membres patriotiques fe renferment dans cette feule réflexion: *Si la République maintient fon indépendance & qu'elle confomme le grand ouvrage de la réforme à laquelle elle afpire en abrogeant fans réferve & fans retour tout ce qu'elle a fanctionné, dans d'autres temps & à différentes époques de contraire à fa conftitution primitive, chaque patriote retrouvera furement dans fon induftrie et fon commerce les moyens de fe rembourfer* avec *gloire de tous les facrifices qu'il aura faits à la liberté.*

Si l'efprit de parcimonie l'emporte, ce même patriote aura un maître; qu'il pefe toute la valeur de ce mot, & ce maître affujétira fon in-
duftrie

duftrie à un régime fifcal qui , en foumettant à
des loix arbitraires tous les moyens qu'il a dans
le fein de la liberté pour ajouter à fa fortune ,
le dépouillera encore peut-être , & avec honte ,
de ce même argent qu'il auroit refufé par une
épargne mal entendue au befoin de l'Etat.

L'avarice même, (fi tant eft que ce fentiment puiffe fe trouver dans une ame patriotique à côté de la foif de la liberté &
de l'amour de la gloire) l'avarice, fi elle
eft raifonnée , ne doit pas héfiter fur la
néceffité où fe trouve tout patriote qui fe
veut affurer cette propriété d'argent, qui
lui eft chere par deffus tout , de le dépo-
fer dans le tréfor de l'Etat dont il peut
feul faire aujourd'hui le falut ; que celui qui
eft le plus attaché à ce métal confolant,
fruit de fon travail & de fon commerce,
faffe un calcul réfléchi fur la fureté avec
laquelle il fera placé dans les mains &
fous la fauvegarde d'une Régence qui fera
toujours de fon choix, & qui ne fera plus
compofée à l'avenir que d'hommes qui ne
pourront avoir d'autre intérêt que l'intérêt individuel de chaque citoyen fi étroitement lié alors à la profpérité publique ;
qu'il juge d'après cette confidération s'il
doit s'élever dans fon cœur la plus légere
inquiétude fur la rentrée d'un fonds auffi
avantageufement que noblement placé.
En prenant un parti auffi conforme à fon
zele pour la réforme conftitutionelle de
l'Etat, que fera le patriote, fi non un fils
bien né , qui, dans une circonftance pref-

E

fée & embarraſſante, prêteroit à une mere
induſtrieuſe & économe, des ſommes à la
vérité conſidérables, mais qu'il ſeroit bien
ſûr qu'elle n'employeroit & ne feroit valoir
que pour lui laiſſer un plus grand héritage?
Il n'y a qu'une avarice ſordide & aveugle
qui puiſſe balancer par un ſentiment auſſi
aveugle qu'elle une réflexion auſſi frappante, & on ne doit pas raiſonnablement
appréhender qu'une aſſociation libre de citoyens réunis en corps ſous les enſeignes
de l'honneur, pour la reſtauration des droits
originaires de ſa conſtitution primitive,
s'expoſe à perdre tout le fruit de ſes efforts par un défaut de confiance dans cette
même conſtitution qu'elle aſpire à rétablir.
Que cette bourgeoiſie, éclairée comme elle
l'eſt, ſpécule d'avance dès ce moment-ci ſur
les épargnes que la République rendue à
ſa premiere exiſtence vraiment ariſto-dé-
mocratique, fera annuellement par la ſup-
preſſion des dépenſes auxquelles elle s'eſt
aſſujettie à la révolution de 1747 ; qu'elle
conſidere, lorſque la paix ſera rendue aux
heureuſes Provinces de l'union, combien,
ſi on adopte & ſi on conſerve ces phalanges patriotiques qui feroient la ſureté intérieure de chaque Province, ſans qu'il en
coûtât rien à l'État pour la ſolde & l'entretien de cette précieuſe milice, on épar-
gneroit ſur le nombre la ſolde & l'entretien des troupes régulieres qu'on feroit
toujours maître, en conſervant les officiers & le fonds des corps, d'augmenter

dans le befoin autant qu'on le jugeroit convenable, & elle fe convaincra alors que ces épargnes réunies qui feroient un bénéfice annuel de plus de deux millions de florins pour la République, feroient des garans fuffifans du prêt quelconque que lui auroit fait la piété filiale; prêt qui ne feroit au fonds, pour parler la langue du commerce, qu'un argent efcompté fur la meilleure des lettres de change.

Que la bourgeoifie patriotique penfe fur-tout que ce moyen effentiel eft en elle-même & qu'il n'eft que là; qu'il eft indépendant de toute réfolution étrangere, de tout accident étranger, & enfin qu'il eft le feul qui puiffe lui conferver, en combattant pour fes propres foyers & fur fes propres foyers, l'avantage d'y refter la partie principalement agiffante, comme elle y eft la partie principalement intéreffée; qu'elle obferve que plus elle fe fortifiera par le moyen qu'on lui indique, plus elle affoiblira l'agreffeur contre lequel elle a à fe défendre; qu'elle rapproche cette derniere réflexion de celles qui ont été expofées dans le Mémoire du 12 Septembre 1786 fur les fuites funeftes, mais poffibles, d'une parcimonie mal entendue dans une conjoncture auffi décifive pour le bonheur de tous en général, & pour celui de chaque citoyen en particulier: on fent fi vivement la néceffité de l'enthoufiafme dont on voudroit exalter en même tems toutes les têtes & toutes les ames républicaines, qu'on ne balance pas à leur annoncer que fi elles s'y refufent, tout le courage qu'a déployé jufqu'à ce moment-ci le parti patriotique, &tous ces efforts n'aboutiront qu'à aggraver & à perpétuer le joug qui leur répugne, & à confommer le malheur de la République.

On n'eft pas fans inquiétude fur la confiance peut-être trop grande qu'on paroît mettre dans les mefures locales, & dans les moyens de défenfes que le génie militaire y a préparés.

On n'ignore pas la nature des funeftes avantages que la Hollande peut tirer de fes éclufes pour rendre les approches de fes places & les communications difficiles; on eft également inftruit du parti que l'intelligence militaire tirera de l'emplacement & du feu des batteries pour écarter les troupes chargées de faire ces approches & d'ouvrir ces communications, mais on fait auffi que toutes ces défenfes, telles bien préparées qu'elles foient, ne font point au-deffus de l'induftrie militaire qui s'opiniâtre courageufement à les vaincre : avec du bois, des bateaux & des facs à terre, on éleve des batteries, même dans l'inondation, celles qu'on établit fur les digues, même les plus étroites, peuvent y être diftribuées & multipliées de façon à en impofer elles-mêmes à celles qu'on juge aujourd'hui fi importantes. Les places du Brabant hollandois étoient toutes inondées en 1747, celle de l'éclufe furtout n'offroit au Général *de Lowendal* qui en faifoit le fiége, que la largeur feule de la digue pour

les tranchées & les batteries ; une efcadre
angloife qui mouilloit fous Fleffingue, devoit encore ajouter à la confiance de la
garnifon ; malgré tout cela les tranchées
& les batteries n'en furent pas moins per-
fectionnées, & l'éclufe fe rendit, ainfi que
Philippine, Hulftet, Axel, en moins d'un
mois. L'induftrie à la guerre balance l'induftrie, celle du moment s'éleve à force
de travail au niveau de celle qui eft préparée de longue main ; plus les obftacles
font grands & plus il en coûte à les lever,
mais on les leve, & à la fin ce font les
hommes qui décident, & ce font ces fortereffes mobiles qui impofent la loi à toutes
celles qui ne le font pas. Si ce qu'il en
coûtera à l'Etat pour dédommager les habitans dont les terrains feront expofés à
l'inondation, avoit été employé à tems à
enlever à l'ennemi une partie de ceux qui
font deftinés à franchir cet obftacle, on eft
fort porté à croire que la République y
auroit beaucoup gagné. Mais ce n'eft pas
en arriere qu'il faut regarder, les regrets
font toujours inutiles & les réfolutions
néceffaires. C'eft fur ces dernieres qu'il
convient de fe fixer en écartant furtout
cet efpoir dangereux auquel on croit encore pouvoir fe livrer, malgré l'évidence
même, de conjurer par la voie des négociations l'orage prêt à éclater fur la République. Au ton avec lequel S. M. Pruffienne
exige, à celui avec lequel Leurs Nobles
& Grandes Puiffances éludent, fur quoi

peut-on se-flatter que cela finira par un rapprochement? peut-on croire raisonnablement qu'un aussi grand Souverain que *Frédéric Guillaume* n'ait fait marcher quarante mille hommes que pour déterminer par un apparat aussi formidable Leurs Nobles & Grandes Puissances à une déférence respectueuse vis à vis d'une Princesse trop grande elle-même pour n'être pas également au-dessus & de l'offense & de la réparation? A-t-on oublié que M. le Duc régnant de Brunswick étoit destiné à commander l'armée près de deux mois au moins avant l'offense, & peut-on encore croire raisonnablement qu'un Prince aussi éminent par ses qualités personelles & son rang, que M. le Duc Régnant de Brunswick, serviteur, mais ami du Roi de Prusse, ait été choisi de préférence pour n'être qu'un épouventail? On verra dans une lettre rapportée ci-après qu'on croyoit à la Haye que c'étoit à ce même Prince que S. M. Prussienne se proposoit de confier après le retour du Comte de *Gœrtz* une reprise de négociation: Quel négociateur!

Du 16 Septembre 1787.

„ Le contr'ordre subit que l'Empereur
„ a fait passer à ses troupes, au moment
„ où réunies sur la frontiere de Bohême,
„ la grosse artillerie étoit déjà entrée sur
„ le territoire du haut Palatinat, & que
„ les commissaires des cercles de Franco-

„ nie & du haut Rhin, ſe concertoient à
„ Spire & à Vürtzbourg ſur les approvi-
„ ſionemens de leur marche ultérieure,
„ eſt un événement qui ouvre une vaſte
„ carriere aux réflexions de l'obſervateur
„ attentif. Si on conſidere l'époque de ce
„ contr'ordre, on ne peut pas douter qu'il
„ n'ait été déterminé par la nouvelle de la
„ réſolution ſubite du Divan, & que ce ne
„ ſoit une ſuite indiſpenſable des engage-
„ mens pris & des meſures éventuellement
„ convenues & concertées entre *Catherine*
„ *II* & *Joſeph II*, pendant le voyage de
„ Cherſon, pour être fidelement exécutés
„ au moment d'une exploſion que Leurs
„ Majeſtés Impériales ſont trop clair-
„ voyantes pour n'avoir pas prévue com-
„ me finalement indiſpenſable de la part
„ de la Porte, mais qu'elles avoient jugé
„ devoir être reculée au moins juſqu'au·
„ printems.

„ On peut juger ces meſures éventuel-
„ les par celles qu'a priſes dans le moment
„ même S. M. Impériale à l'arrivée du
„ courier.

„ Il a été décidé d'abord qu'il y auroit
„ trois corps d'armée, un en Hongrie, un
„ en Gallicie & un en Eſclavonie; que
„ l'armée principale aux ordres du Feld-
„ Maréchal *Laudohn* ſeroit de 84,000 hom-
„ mes, & les deux autres corps d'armée
„ aux ordres des Généraux d'*Alton* & de
„ *Fabris*, toujours ſous le commandement
„ en chef de M. de *Laudhon*.

E 4

„ Indépendamment de ces corps d'ar-
„ mée, l'Empereur donnera 30,000 hom-
„ mes à la folde de l'Impératrice.

„ Les bataillons qui tiendront garni-
„ fon en Hongrie, y feront fur le pied de
„ guerre.

„ La groffe artillerie deftinée pour les
„ Pays - Bas retourne aux arfénaux de
„ Budweis ; les chevaux & les bagages
„ retournent à Vienne par terre, & les
„ troupes par eau ; les bâtimens de tranf-
„ port doivent être raffemblés à Lintz,
„ & l'embarquement s'exécuter le 27. On
„ prendra à Vienne un nouveau train de
„ pontons & de groffe artillerie.

„ Cette vigueur de la part du Divan
„ s'eft-elle déployée de fon propre reffort ?
„ lui a-t-elle été infpirée ? Le grand Sei-
„ gneur & le Vizir ont-ils été emportés
„ par l'impatience & les cris d'un peuple
„ dont l'orgueil eft depuis longtems irrité
„ des avanies révoltantes qu'on a faites
„ au Croiffant ? Il eft plus qu'apparent
„ qu'en réuniffant ces trois motifs dans un
„ feul, on ne fe trompera pas fur la caufe
„ réelle d'une explofion auffi peu attendue ;
„ ce qu'il y a d'évidemment certain, c'eft
„ qu'en fe bornant à fixer fes regards fur
„ les feuls préparatifs des efcadres defti-
„ nées pour la Mer noire, & fur l'efpece
„ furtout de quelques-uns des bâtimens
„ qui doivent y être employés (*) ; on

____

(*) On lit dans quelques papiers publics qu'il eft queftion de batteries flottantes.

„ ne peut pas trop fe refufer au foupçon
„ que le génie étranger a eu quelque
„ part dans ces difpofitions , au moins
„ comme provifoires, & le grand intérêt
„ qu'un œil plus perçant que celui de M.
„ de *Vergennes* peut avoir apperçu à met-
„ tre l'activité utile à la place de la con-
„ defcendance dangereufe, mériteroit dans
„ ce cas les plus juftes éloges.

„ Quoi qu'il en foit, il eft fûr à l'afpect
„ de ces préparatifs, que la Porte, réfolue
„ à la fin d'arborer l'étendart de fon pro-
„ phète & de venger fes humiliations, ne
„ pouvoit pas choifir un moment plus fa-
„ vorable pour fe déclarer, que celui où
„ une grande partie des troupes autri-
„ chiennes deftinées à une expédition
„ éloignée, lui laifferoit le tems de réunir
„ pendant le refte de la faifon fes efforts
„ & fes moyens contre *Catherine* ifolée.
„ Si les Turcs font affez heureux pour
„ bien remplir cet intervalle d'un mois ou
„ fix femaines, & furtout par le recouvre-
„ ment de la Crimée (ce qui eft très pof-
„ fible, fi rendus à leur courage indigene,
„ ce courage eft employé & dirigé comme
„ il peut & doit l'être) le reflet de cette
„ diverfion influera effentiellement fur la
„ marche de tous les autres événemens
„ qui fe préparent dans la partie centrale
„ de cette grande explofion que tant d'in-
„ dices fe réuniffent pour annoncer.

„ En reconnoiffant ainfi l'inftabilité des
„ événemens , on eft bien éloigné de foup-

„ çonner un auſſi grand Prince que *Joſeph*
„ *II* de verſatilité dans ſes meſures & dans
„ ſes réſolutions. La tranſpoſition actuelle
„ d'une partie de ſes moyens ne lui fait ſu-
„ rement pas oublier l'objet auquel il les
„ avoit deſtinés ; en retournant au Danu-
„ be, on peut être aſſuré qu'il ne perd pas
„ l'Eſcaut de vue ; ſon génie eſt exercé à
„ embraſſer les plus grands eſpaces ; & lorſ-
„ que le ſpéculateur replie ſes réflexions
„ ſur les armemens effectifs de toutes les
„ Puiſſances du Corps germanique , & qu'il
„ enviſage ces armemens comme une ſuite
„ poſſible d'un concert au moins commencé
„ entre les cours de Vienne & de Berlin ,
„ il croira voir dans ces mêmes armemens
„ conſiderés comme un ſupplément éven-
„ tuellement préparé , de quoi juſtifier la
„ prévoyance de l'Empereur ſur l'événe-
„ ment ſubit qui a ſi inopinément détermi-
„ né la contre-marche des Corps deſtinés
„ à ſe porter entre l'Eſcaut & la Meuſe.

„ Quelques papiers publics ſe font réunis
„ pour citer l'apparition momentanée d'un
„ perſonnage important qui, à peine arrivé
„ à Vienne, s'eſt rendu tout de ſuite à l'*au-*
„ *garten* auprès de l'Empereur , a eu avec
„ lui un entretien particulier de quelques
„ heures , & eſt reparti le même jour,
„ après avoir payé très généreuſement
„ l'hôte chez lequel il étoit deſcendu ; ces
„ mêmes papiers ont déſigné , les uns le
„ Duc des Deux-Ponts, les autres le Roi
„ de Pruſſe :

„ On croit être sûr (fi tant eft que le fonds de la nouvelle de l'apparition foit vraie) que ce n'eft pas le premier de ces princes, & on ne croit pas que ce foit le fecond, mais on feroit affez difpofé à croire que le foupçon pourroit tomber fur le Duc ré-gnant de Saxe Weymar, & on adopteroit d'autant plus cette idée, qu'ainfi qu'on le verra dans une lettre du 2 de mars dernier qui fait partie de cette collection, ce même prince auquel toute l'Allemagne fe réunit pour accorder de grandes lumieres, de grands talens & une grande activité, a déjà fait un de ces voyages myftérieux, il y a quelques mois; qu'il eft particulie-rement honoré de la confiance & même de l'amitié de S. M. Pruffienne, & qu'un négociateur auffi propre par fon état de fouverain lui-même, & de fouverain très-éclairé, à être le dépofitaire & le garant d'une pa role que les deux monarques fe fe-roient donnée entre fes mains, pourroit bien avoir confommé dans une feule conférence de cœur à cœur & de roi à roi, un rappro-chement entier & confidentiel qui auroit occupé beaucoup de temps des négocia-teurs ordinaires. „

„ On n'ajoute pas à une conjecture auffi légerement fondée plus de foi qu'elle ne mérite, mais on regarde cependant cette in-dication au moins comme effentielle à être approfondie ; & fi elle pouvoit être parfai-tement éclaircie, les conféquences qu'il y auroit à en tirer feroient de la plus grande importance. „

„ Quelques obfervations réunies font de nature à faire fentir toute l'attention qu'il peut convenir de donner aux marches de M. le duc de *Weymar*: C'eft dans fes états que le duc *Louis de Wolffenbuttel* a choifi de préférence fon azile depuis fon départ d'Aix-la-chapelle, ce qui fuppofe entre ces deux princes beaucoup d'amitié & de confiance ; c'eft ce même duc *Louis de Wolffenbuttel* qui a placé la plus grande partie des officiers de l'armée de la République & des Régences des villes fous le nom du Prince ftathouder, qui avoit en lui une confiance fans réferve ; il a eu comme Feld-maréchal général la connoiffance la plus exacte & la plus détaillée de tous les moyens internes & externes de la république. Il eft prefqu'impoffible que ne fût-ce qu'à titre de reconnoiffance, il n'ait encore des relations très intimes avec la plus grande partie des membres les plus diftingués du parti ftathouderien, dans l'armée, dans la marine & dans les régences; il a été griévement offenfé par le parti patriotique, il aime la perfonne du ftathouder, c'eft le chef de fa maifon qui commande l'armée de S. M. Pruffienne, & qui peut-être peut fe paffer du concours des troupes autrichiennes pour effectuer les vues combinées des deux cours pour les avantages mutuels & refpectifs dont elles peuvent être convenues, & pour affurer au Prince ftathouder l'état perfonel qu'il n'eft pas impoffible qu'elles lui aient déterminé, En fuivant cette obſervation conjecturale, il feroît aſſez vraiſemblable qu'on eût pris en conſidération les difficultés de pourvoir à la ſubſiſtance d'une quantité de troupes auſſi ſurabondante dans un même pays, & que ces conſidérations réunies & appuyées par un prince dont la parole eſt faite pour équivaloir à toute précaution proportionnelle, euſſent porté l'empereur à s'en remettre entièrement à la conduite de M. le duc régnant de Brunſwick pour opérer le ſuccès de tous les arrangemens convenus & conſentis dans la nouvelle alliance.,,

,, Cette conjecture paroîtra au moins vraiſemblable, en la rapprochant de l'idée qu'on a ſuppoſée plus haut à *Joſeph* II de penſer peut-être à calmer toute eſpece d'inſurgence chez ſes ſujets Belgiques, en déterminant tous les cœurs à la reconnoiſſance par le bienfait ſignalé de l'ouverture de l'eſcaut & de la communication avec la mer. ,,

,, On répete que toutes ces indications ne ſont que purement conjecturales, mais on croit devoir regarder comme quelque choſe de plus fort que des ſimples conjectures, le corollaire qu'on tire de cet armement collectif & ſimultané de toutes les Puiſſances de l'empire germanique. Le paſſage de bateaux chargés d'uniformes & l'annonce d'autres bateaux chargés de munitions pour Duſſeldorp, où il doivent être ſuivis par un corps de huit ou dix mille Palatins, qui doivent être eux-mêmes remplacés par douze mille bavarois font des indices très marquans qui font totalement indépendans du plus ou du moins de réalité qu'il peut y avoir, & dans le fonds de la nouvelle de la venue d'un perfonnage important à l'Augarten, & de l'application conjecturale qu'on en a fait à M. le Duc régnant de Weymar. „

Peu de jours après l'envoi du mémoire du 12 feptembre 1786, l'auteur eut connoiſſance des ordres que la chancellerie de guerre de Berlin avoit fait paſſer à tous les officiers Pruſſiens chargés de faire des recrues daus les villes impériales du cercle du haut Rhin, pour preſſer celles des quatre nouveaux corps francs que S. M. Pruſſienne faifoit lever & pour les porter promptement au complet, en enrôlant à tout âge & à toute taille : Il ne put pas douter de l'exécution immédiate de cet ordre en voyant paſſer un convoi de foixante de ces recrues, entre leſquelles il apperçut des vieillards & des enfans qu'on auroit certainement refuſés & rejettés dans une circonſtance moins preſſée : ces indices, fans être abfolument pofitifs, lui parurent cependant aſſez marquans par le rapport qu'ils avoient avec tout ce qu'il avoit fpéculé dans le mémoire du 12, pour négliger d'en faire paſſer à l'avis fon noble correfpondant.

Sur des notions aſſez intéreſſantes qu'il eut dès les premiers jours d'octobre de quelques préparatifs faits dans le pays

d'Hervorden & le comté de Bilefeld, rap-
prochées de ce qu'il avoit lu dans une lettre
de Berlin, écrite par un homme en place
& inftruit, fur la propofition faite par quelques membres des états d'Amersfort, &
follicitée au nom du prince ftathouder pour,
engager S. M. Pruffienne à concourir à une
furprife de la ville d'Utrecht, projet alors
d'une exécution d'autant plus facile que le
parti ftathouderien étoit encore puiffant
dans cette capitale, & d'autant plus vraifemblable pour l'obfervateur, qu'on affec-
toit dans prefque tous les papiers publics
votans pour la caufe ftathoudérienne, de déterminer fur la ville de Zwol les réfolutions
& les mefures qu'on annonçoit avoir été
prifes dans le féjour de la cour ftathoudérienne à Loo, il jugea qu'il pouvoit être
important d'en donner l'éveil, & il le fit.

C'eft à cette même époque, que plus convaincu que jamais de l'intervention finale
& impofante du roi de Pruffe dans la caufe
du prince fon beau-frere, il conçut un plan
qui, fans manquer à aucun des égards de
fureté & de refpect dus à toutes les têtes
auguftes de la maifon ftathoudérienne réunies dans la ville de Nimégue, auroit privé
dans un feul jour tous les partifans du pouvoir ftathoudérien, de la facilité dangereufe qu'ils ont eue depuis, de fe fervir du nom
& des droits attachés aux charges de capitaine & d'amiral général, pour adreffer,
comme ils ont fait, aux corps de l'armée
Républicaine & aux amirautés, des ordres

abſolument contradictoires au projet de
réforme conſtitutionelle auquel tendoient
évidemment toutes les démarches du parti
patriotique.

D'autres notions (celles-ci étoient parfaitement ſures & du plus grand intérêt)
qu'il eut, dès les premiers jours du mois
de Novembre, ſur les intentions de l'Empereur relativement au nouveau fort du
Hazen-Graz, lui parurent ſi ſérieuſes qu'il
jugea (& il penſe encore que c'étoit avec
grande raiſon) qu'il rendroit non ſeulement un grand ſervice perſonel au patriote
clairvoyant auquel il avoit voué eſtime &
confiance, mais même à la République, en
lui communiquant avec détail *de ore ad os*,
non ſeulement le plan de formation qu'on
vient de lire, & ſes idées ſur l'eſſai *déciſif*
qu'on en pouvoit faire dès le moment
même, mais auſſi les différens (*) mémoires qu'il avoit remis à différentes époques
dans l'affaire de l'Eſcaut, tant à M. l'Ambaſſadeur extraordinaire de la République
à Paris qu'à M. d. *B.* à la Haye, & particulierement celui du 8 juillet 1785; mémoire
d'autant plus intéreſſant à conſulter, qu'il
avoit été fait dans un tems où le feu Roi
de Pruſſe vivoit, & où on pouvoit faire
fonds ſur une oppoſition efficace de ſa part,

(*) Tous ces mémoires relatifs à l'affaire de l'Eſcaut,
feront la matiere du premier cahier de la préſente collection.

aux

aux vues de la Cour de Vienne, & qu'il n'étoit peut-être pas aussi certain depuis sa mort, qu'on trouvât les mêmes dispositions & les mêmes vues dans *Frédéric Guillaume*, & que cette incertitude étoit de nature à allarmer *à fortiori* sur les dangers que la République pouvoit avoir à courir dans le cas de la grande explosion qui étoit indiquée & discutée dans le même mémoire.

Dans l'impossibilité où il se trouvoit à cette époque de suivre l'impulsion de son zele, il s'adressa avec d'autant plus de franchise & de confiance à son noble correspondant pour lui en procurer les moyens, en lui faisant prêter une somme de 3000 fl. qui lui étoient nécessaires pour quelques arrangemens domestiques préliminaires & pour le voyage, que la cause principale de sa détresse étoit le voyage dispendieux qu'il avoit fait à la Haye & le séjour infructueux qu'il avoit fait dans cette résidence, pendant les mois de Mai, Juin & Juillet 1785.

La réponse de M. le B. d*** à ces différentes lettres est du 10 Décembre 1786.

Monsieur, agréez mes remercimens & ma parfaite reconnoissance pour les informations intéressantes & si bien avisées qu'il vous a plu de me faire parvenir. Je dois vous témoigner d'abord combien je suis sensible à la part que vous prenez

F

à la situation de ma malheureuse patrie, & je dois encore vous faire mes excuses d'avoir tardé aussi longtems à m'acquitter de ce devoir.

Il est vrai, Monsieur, qu'on a saisi pour avancer l'armement national le moment où l'Empereur a voulu faire valoir ses prétentions ; vous savez que de tems immémorial nos bourgeoisies ont été armées ; à la vérité cette même aristocratie qui a toujours suscité les dangers où la République s'est trouvée, a toujours cherché à empêcher cet armement; vous en pénétrerez les motifs. Aujourd'hui la nation est fermement résolue à ne point se désaisir de ses moyens de défense, & cette précaution, fondée dans notre constitution, est absolument nécessaire dans une République aristo-démocratique. Vous conviendrez en appréciant notre position, qu'elle n'est pas inutile. De plus, par une direction aristocratique les Régences se sont mises à la tête des bourgeoisies armées ; la nation en sent le danger, & on veut absolument séparer le bras armé du législatif, afin d'établir l'équilibre entre les droits de la nation & ceux de ses représentans.

Je veux bien croire que le Roi de Prusse prend fort à cœur les intérêts de la Princesse sa sœur & de son beau-frere : mais j'oserai presqu'assurer après les informations que j'en ai, que ce Monarque n'en viendra jamais à des voies de fait pour les soutenir.

Vous saurez sans doute que la Cour de Berlin travaille dans ce moment-ci, de concert avec celle de Versailles, à faire comprendre au Stathouder qu'il est plus que tems de revenir sur ses pas & de concourir par conséquent au rétablissement de la bonne harmonie dans cet Etat: ces deux Puissances sont trop sages & trop éclairées pour ne pas apprécier la disposition des Bataves qui est telle qu'ils ne peuvent pas se contenter d'un arrangement en apparence, & qu'ils exigent, à juste titre, une réformation formelle fondée sur les droits & les privileges assurés au prix du sang de leurs ancêtres, & qui, quoiqu'atteints de tems en tems par des menées aristo-stathoudériennes, n'en restent pas moins irrévocables.

On travaille depuis quelques semaines (depuis l'arrivée de M. de Rayneval) très sérieusement à la Haye à un plan de pacification ; M. de Gœrz en est instruit. Le Prince Stathouder devra s'expliquer incessamment, mais en même tems la nation reste sur le qui vive, en se préparant très sérieusement, en cas d'obstination du parti adverse, à mettre une prompte fin aux dissensions qu'une main perfide a su nourrir jusqu'à présent.

Louis XVI est intéressé au rétablissement de la constitution altérée, sans quoi l'alliance tant désirée ne tourneroit qu'à son désavantage.

On m'assure de source que les chicanes de M. de Belgiojoso déplaisent au chef de l'Empire, & que ce ministre d'un caractere remuant va être rappellé.

Au reste, Monsieur, je suis fort de votre avis que le sacrifice que la République a bien voulu faire pour le rétablissement de la paix avec Joseph II, peut avoir des suites dangereuses pour cet Etat ; vous vous rappellerez que je m'y suis opposé autant que possible dans ma sphere. (*)

L'Empereur tentera toujours d'avancer le commerce & la navigation de ses sujets belgiques, au détriment de ceux de la République.

Il est vrai que l'alliance de la France doit nous rassurer à ce sujet, mais les intérêts des Souverains, & surtout ceux du premier rang, se rangent si facilement suivant les occurrences!

J'aurois bien désiré, Monsieur, avec nombre de bien intentionnés que nous eussions pu faire l'acquisition de votre personne; vos talens, vos lumieres, votre zele désinteressé sont appréciés à leur juste valeur, & c'est en conséquence de tout ce que nous sommes redevables à vos bonnes & nobles intentions, que je désire de satisfaire à la demande que vous me faites dans votre lettre du 28 Novembre dernier. Je dois convenir que 3000 florins seroient faciles à trouver; je veux tâcher d'y pourvoir, & je voudrois que ma situation me permît d'en faire l'avance à un homme de tant de mérite; mais je dois vous avouer franchement, Monsieur, après tout ce que j'ai dû sacrifier depuis plusieurs années pour le soutien de la bonne cause, que les facultés me man-

---

(*) Et c'est effectivement cette nerveuse opposition digne d'un vrai Batave, qui a déterminé l'hommage que l'auteur lui a fait de sa confiance, en lui adressant le Mémoire du 12 Septembre 1786. Il a encore ajouté à ces sentimens par le désir sincere qu'il a eu de l'obliger, & quoique les circonstances ne lui ayent pas permis de réaliser ce désir, il n'en goûte pas moins la satisfaction à lui payer publiquement le tribut d'une juste reconnoissance.

*quent. Vous n'ignorerez peut-être pas la situa-
tion où je me trouve par les persécutions que
mes ennemis viennent de mettre en avant; l'issue
en est incertaine; Dieu sait & connoît seul les
suites qu'un acharnement aussi sérieux peut avoir.
Quoi qu'il en soit, je tiendrai ferme; mon zele
désintéressé me tranquillise au point que je me
rappelle sans cesse le passage d'Horace dont tout
homme integre se ressouvient avec satisfaction.*

J'ai l'honneur d'être, &c.

Cette lettre du 12 Septembre n'étant
parvenue à son adresse que le 27 du même
mois, la réponse suivante partit dès le 28
pour être rendue le 7 ou le 8 Janvier 1787.

„ Monsieur, je viens de recevoir la lettre que vous m'avez fait l'honneur de m'é-
crire en date du 12 d'Octobre. La noblesse
de vos expressions & celle de votre pro-
cédé me pénetrent de reconnoissance; je
vous prie d'en recevoir les vives assuran-
ces, en attendant le moment où je pourrai
vous les renouveller; le suffrage de l'homme d'Etat vertueux est le prix le plus flatteur d'un zele dont il me tarde d'être
à portée de vous faire juger la pureté &
peut-être l'utilité. (*) „

(*) Cette utilité portoit sur l'exécution du projet
d'expédition conçu par l'auteur, tel qu'elle est indiquée
dans la note adressée au corps de Bourgeoisie Batave,
à la suite du plan de Formation soumis au jugement que
cette même Bourgeoisie en portera.

„ Je suis glorieux , Monsieur , d'avoir toujours pensé comme vous sur l'importance dont il est à votre République que votre brave bourgeoisie soit armée ; frappé de tous les traits de patriotisme héroïque que l'histoire nous a conservés , j'avois sous les yeux la surprise de la Brille, celle du château de Louvenstein , les défenses de Leyde & d'Utrecht, quand j'annonçois dès le mois de Novembre 1784, dans un Mémoire remis à votre ambassadeur extraordinaire , les idées que j'ai plus étendues dans celui du 29 Juin 1785 que j'ai remis moi-même à M. de *B.* à la Haye , & dans lequel j'ai consigné ma façon de juger tout le parti qu'on pourroit tirer de cette association libre des enfans de la patrie : avantage d'autant plus précieux, ajoutois-je, & d'autant plus fait pour en imposer aux ennemis & donner confiance aux amis de votre Etat, qu'il est uniquement réservé à votre République, exclusivement à toutes les autres puissances de l'Europe. „

„ C'est d'après cette opinion fondée de valeur nationale, que je proposois l'esquisse d'un plan de formation & d'armement que j'estime encore aujourd'hui être infiniment plus convenable & plus avantageux dans tous les cas, que celui qu'on a suivi, beaucoup plus, à ce que je crois, par habitude & par imitation que par réflexion. Je subordonnois ces idées à tous les changemens que l'intérêt de la constitution & de la prérogative civile exigeroient, & je me bornois principalement à faire envifager ce corps ainfi formé, comme le moyen le plus fûr de fixer la victoire fous les drapeaux de la République, en cas d'agreffion hoftile, telle que celle dont elle étoit ménacée alors par l'Empereur, & de plus comme un frein néceffaire dans fa conftitution, à l'autorité militaire confiée entre les mains d'un feul, fusceptible d'en abufer ou par lui-même, ou par des confeils pernicieux. Je regardois en un mot, & je regarde encore ce corps (furtout s'il eft armé & employé comme je penfe qu'il doit l'être) comme le véritable Palladium de la liberté, de l'indépendance & de la profpérité publique au dedans & au dehors. ,,

,, J'avoue que j'ai penfé, (& en cela j'ai été d'un avis différent du vôtre) que c'étoit au pouvoir légiflatif à guider & conduire le bras armé ; je fuis parti dans mon opinion du principe invariable que *l'unité d'ordre eft indifpenfable dans tout effort collectif* (*), & je me raffurois contre la crainte d'abus d'autorité de la part des Régences, en penfant que l'influence de cette bourgeoifie toujours armée, feroit dans tous

---

(*) Il paroît par les changemens que les bourgeoifies ont effectués dans différentes villes, qu'on a fenti depuis la vérité de l'axiome ; mais ce n'eft pas affez que de prendre la moitié du remede : on croit toujours que le grand bien eft dans la formation indiquée, & que les plus grands inconvéniens, comme les plus grands malheurs peuvent réfulter de la formation actuelle.

les cas & dans tous les tems, affez impofante pour empêcher qu'on ne mît à fa tête
des Régens dont les principes ne lui feroient pas agréables , & pour qu'on osât
lui en donner d'autres que ceux dont le patriotifme leur feroit affez connu pour qu'ils
confentiffent à confier à leur direction leurs
intérêts les plus chers. „

„ Je défire fincerement, Monfieur, que
le plan de conciliation projetté entre les
deux Cours de Verfailles & de Berlin ,
foit auffi fincere d'une part que de l'autre,
& que le Roi de Pruffe veuille férieufe-
ment porter le Prince fon beau - frere à
une *réformation conftitutionelle*, qui en abrogeant pour toujours le pernicieux régle-
ment de 1674, mette de juftes bornes à
l'autorité d'un feul, dans une fociété indépendante & fouveraine ; fi cette négociation eft loyalement fuivie des deux côtés,
& que les deux cours négociatrices foient
réellement de bonne foi, il y auroit lieu
d'efpérer que le plus grand bien pourroit
encore fortir d'un très-grand mal, & alors
je regarderois cette révolution inattendue
comme auffi importante pour vous, que
celle qui fixa fi glorieufement votre liberté
fous vos Peres ; mais je ne vous diffimu-
lerai pas, Monfieur, que je ne fuis pas à
beaucoup près tranquille fur *l'intériorité*
des vues de S. M. Pruffienne, & j'infifte
encore (ne fût-ce que par furabondance
de précautions) fur l'importance des notions que je vous ai fait paffer, & je pen-

ferois furtout qu'il pourroit être effentiel
de ne pas négliger d'avoir toutes les nuits,
particulierement dans celles d'une forte
gelée, des obfervateurs intelligens fur les
différentes avenues d'Utrecht, qui, au
moyen de fignaux convenus, puffent fixer
la furveillance de ceux auxquels la garde
des portes & des remparts de cette ville
devroit être confiée, dans le cas d'une
tentative de furprife de cette ville, objet
qu'on a quelques raifons de croire avoir
été projetté dès le féjour de la Cour ftathoudérienne à Loo, & propofé depuis
à celle de Berlin par quelques-uns de MM.
les Etats d'Amersfort. „

Ce qu'il y aura de plus particulierement
à remarquer, Monfieur, ce fera la réponfe
du prince ftathouder aux propofitions de
la Haie : il eft fûr que ce prince n'a rien
dit, écrit & fait de lui-même, & il eft également fûr que ce fera la cour de Berlin
elle-même qui dictera fa réponfe ; c'eft donc
uniquement par cette réponfe même qu'il
faudra juger les vues & les intentions réelles du roi de Pruffe. „

„ A l'égard de la France, je fuis François,
Monfieur, & perfonne n'aime plus que
moi la gloire de fon maître & celle de fon
pays ; je n'ignore point les tentatives qui
ont été faites à différentes époques pour
tâcher de rétablir votre conftitution primitive, contre les prétentions & les exi-
gences de vos Stathouders, & je fens comme vous ; combien il importe plus parti-

culierement aujourd'hui que jamais à la France, après le traité d'alliance qu'elle vient de conclure avec votre République, de concourir efficacement à la réforme d'abus qui sans cela tourneront contr'elle-même, si on ne parvient pas dans ce moment- ci à les déraciner, mais je ne dois pas non plus diffimuler au patriote clair-voyant auquel je ne puis mieux marquer eftime & attachement que par une entiere confiance, que je connois auffi une partie des entraves intérieures qui peuvent rete-nir le cœur, l'efprit & le bras du roi : que j'ai vu furtout trop près & fuivi trop atten-tivement le génie cunctateur de M. le com-te de *Vergennes*, pour ne pas craindre tout le danger des irréfolutions (*), des calmans, & des demi-facrifices, quand le parti le plus décidé & l'exécution la plus rapide feroient peut-être le plus néceffaires. Cette obfer-vation porte entr'autres fur le danger dont peut être la propofition d'acheter du Prince ftathouder la rénonciation à la prérogative civile par la reftitution du pouvoir militaire. A-t-on bien pefé, Monfieur, les fuites que peut avoir fur l'efprit des militaires qui font actuellement fous la banniere d'Hol-lande, la certitude des difpofitions où on eft dans cet Etat de les remettre dans les mains de ce Prince ? Je vous prie, Monfieur, de comparer cette réflexion avec ce que j'ai écrit fur ce fujet dans le mémoire que

----

(*) *Inde mali labes.*

je vous ai fait parvenir en date du 12 feptembre dernier. M. de *Vergennes* aura toujours befoin d'être furveillé fur fa difpofition habituelle de chercher à rapprocher les efprits & les intérêts par voie de compenfation ; ce que nous avons vu réfulter l'année derniere des négociations relatives à l'Efcaut, n'eft pas autrement propre à autorifer la confiance avec laquelle la République fe repoferoit fur la parité d'intérêt que peut avoir la France au rétabliffement de la conftitution altérée : je crois d'après les principes des d'*Avaux* & des d'*Eftrade*, que la France avoit un très grand intérêt à maintenir dans l'intégrité de fes difpofitions le traité d'Ofnabruck, & de barrer l'Empereur dans les premieres démarches que ce Prince faifoit vers le rétabliffement de fa marine flamande ; & cette confidération n'a pas empêché M. de *Vergennes* de négocier lui-même des ceffions qui, aux yeux de tout homme de guerre éclairé *& de bonne foi*, affurent dès ce moment-ci à *Jofeph II* l'exécution de fes grandes vues, à l'époque qu'il jugera la plus convenable à les développer. J'honore véritablement la probité de M. de *Vergennes*, mais je l'ai vu fi conftamment le miniftre de la veille & jamais celui du lendemain, que je ne crois pas qu'il foit prudent de faire fonds fur fa prévoyance, & ce n'eft cependant qu'avec elle que la bonne politique peut s'affurer les moyens de prévenir. „

„ Je vous avoue même, Monsieur, que je ferois affez porté à croire que le mécontentement prétendu qui fait, dit-on, rappeller le comte de *Belgiojoſo* de Bruxelles pourroit bien partir du même cabinet; je me rappelle avoir entendu tenir & répéter les mêmes propos à Paris, il y a dix-huit mois, à quelqu'un qui aime fort votre république, & qui ſuivoit avec attention alors tout ce qui pouvoit l'intéreſſer; & il me ſoutenoit à moi-même, d'après ce que lui avoit dit M. le comte de *Vergennes*, que M. le Prince de *Kaunitz* avoit totalement fait revenir S. M. Impériale de toutes ſes idées ſur l'Eſcaut, que toutes ſes prétentions n'avoient pas, à beaucoup près, une date auſſi ancienne que je le penſois, qu'elles avoient été ſuggérées par M. de *Belgiojoſo* ſeul, & que l'Empereur ne demandoit qu'à ſortir honorablement & d'une façon convenable à ſa dignité, du pas hazardeux dans lequel on l'avoit engagé. „

„ C'eſt avec ces notions phantaſtiques & purement idéales du cabinet de Vienne, qu'on eſt parvenu à ſuſpendre & arrêter d'abord, & enfin à rejetter abſolument les moyens qui avoient été propoſés (*), les vrais moyens, les ſeuls peut-être qu'il convient à la dignité & à la ſureté de la Répu-

---

(*) Dans le premier des mémoires contenus dans le prochain cahier. Ce Mémoire eſt celui du 3 Novembre 1784.

blique d'employer pour couper tout d'un coup la tête d'une hydre de difficultés qui par une suite même de la convention de Fontainebleau, à la faveur de la claufe qui y a été inférée relativement à la liberté abfolue de la navigation réfervée à l'Empereur dans l'intérieur des terrains qui lui appartiennent, ne ceffera de renaître & de fe reproduire dans toutes les occafions & fous toutes les formes, jufqu'à ce qu'on foit parvenu à enlever à la République la totalité du Brabant hollandois. „

„ Quand il feroit vrai que le comte de *Belgiojofo* eût effectivement déplu à fon maître par quelqu'acte précipité dans les objets confiés à fon adminiftration, il eft certain que ce miniftre n'a pu prendre fur lui la conftruction du nouveau fort du Hazen-graz, & cette conftruction feule fuffit pour déterminer les vues ultérieures de l'Empereur. „

„ Il eft évident que le Hazen-graz eft ou inutile, ou dangereux, & fa conftruction ne peut avoir d'autre objet utile que celui de couvrir & de protéger les navires autrichiens qui voudront profiter du bénéfice des eaux du Zwin pour communiquer par les canaux intérieurs des villes de Gand, Bruges & Anvers avec la mer; le nouveau fort eft donc par le fait même de fon exiftence l'annonce la moins équivoque d'un projet formé de foutenir par la force l'infraction la plus manifefte de la fouveraineté abfolue qui a été exclufivement réfervée à la république fur les trois embouchûres de l'Oueft-Schelde. „

„ Je prévois encore qu'on pourroit bien vous confeiller, crainte de pis (& furtout dans les circonftances actuelles) de céder encore fur ce point à l'Empereur, en fixant le port des bâtimens qui pourront profiter du paſſage du Zwin, à 100 ou 150 tonneaux, ce qu'on vous préfentera comme un objet aſſez peu important pour pouvoir nuire au commerce des fujets de la République. Que réfultera-t-il, Monfieur, de ce tempérament conciliatoire, fi tant eft qu'il ait lieu? Qui jugera, qui jaugera le port de ces navires Flamands? Si ce font des prépofés de la république, matiere à difcuſſions conti-nuelles, & conféquemment à de conti-nuelles déférences : fi on s'en rapporte à la bonne foi des armateurs autrichiens, il n'eft pas difficile de voir d'avance, que le port des vaiſſeaux augmentant toujours graduellement, ils ne feront pas longtems à finir par être des fluttes, des gabarres, & autres bâtimens du port le plus confi-dérable. „

„ On verra une marine militaire fortir in-fenfiblement de cette extenfion de la mari-ne marchande, & telle infériorité que cette marine dût avoir longtems vis-à-vis la ma-rine de la république accoutumée depuis longtems à combattre & à vaincre fur fon élément; en confidérant cependant tout le parti que pourroit tirer le Pavillon autri-chien, de tous les établiſſemens terriens

que l'Empereur a fur l'Efcaut , il n'y a
point, je crois, de Républicain attentif qui
ne fente d'avance tout ce qu'il y auroit à
craindre pour les forterefles du Brabant
hollandois. „

„ Glorifiez-vous , Monfieur , & avec jufte
raifon de l'oppofition conftante & motivée
avec laquelle vous avez combattu ces ceffions fi pernicieufes à la gloire & à la fureté
de la patrie qui vous eft chere. On ne fera
pas bien longtems fans fentir tout le poids
des avis que vous avez ouverts. Je n'ai
pas de peine à croire qu'avec des vues
droites & une ame élevée, libre de toute
impulfion étrangere & de toute dépendance
intérieure, comme il convient d'être à un
noble républicain, vous n'ayez un grand
nombre d'ennemis. J'ai vu dans les papiers
publics une partie des perfécutions auxquelles vous étiez en but, j'en ai rougi pour
vos perfécuteurs & je vous en félicite : Qui
plus, & autant que vous , a le droit de fe
rappeller le confolant *Juftum & tenacem?* Je
vous vois tenant dans ces momens de crife,
la banniere de la République ; il faut que
la majorité d'abord, & enfuite la totalité
fe réunifle à vous, ou elle ceffera d'être fouveraine. Ce que je puis vous ajouter pour
moi-même, Monfieur, c'eft que tel que foit
ou puiffe être votre fort, je tiendrai toujours à honneur de le partager. „

„ J'ai celui d'être , &c. „

Très-peu de jours après le départ de
cette lettre, on eut des notions affez précifes

d'une grande fermentation dans le cabinet de Saint-James; la perfonne dont on les tenoit auguroit que le lord *Stormont* alloit rentrer au miniſtere, & on donna d'autant plus d'attention à cette nouvelle, que les idées qu'on avoit eues ſur les diſpoſitions de ce lord en faveur de *Joſeph* II contre la République, telles qu'on les verra conſignées dans un des mémoires de cette collection, quoique ſimplement conjecturales, avoient paru dans le tems ſi vraiſemblables, qu'on jugeoit important dans ce moment-ci de ne rien négliger pour les approfondir.

La réponſe du prince ſtathouder aux propoſitions de la Haie, qu'on avoit indiquée avec raiſon dans la lettre précédente, comme la pierre de touche la plus ſure des réſolutions réelles & intérieures de S. M. Pruſſienne, n'étoit plus douteuſe, & elle étoit formellement négative. On ſentoit tout le mal qui devoit réſulter dans l'eſprit des militaires de la connoiſſance qu'ils auroient des diſpoſitions où étoient Leurs Nobles & Grandes Puiſſances de les remettre ſous la main du prince, pourvu qu'il renonçât à quelques droits de ſa prérogative civile.

Il avoit paru une lettre de S. A. R. Madame la Princeſſe d'Orange en réponſe au comte de *Goertz*, ſur les propoſitions mêmes de M. de *Rayneval*, & ſur la forme dans laquelle ces propoſitions avoient été préſentées; cette lettre écrite avec la préciſion la plus noble & la plus digne con-

traſtoit

traſtoit ſi avantageuſement avec celles du négociateur françois ; elle portoit un caractere ſi marqué de confiance dans les cours de Londres & de Berlin, que pour peu qu'on voulût ſaiſir de bonne foi la valeur des termes, il n'y avoit pas moyen de douter du parti final que prendroient les deux Rois, & que vraiſemblablement ils avoient déjà pris.

Les mouvemens tumultueux de quelques villes d'Hollande, & qui s'étoient même manifeſtés à la Haye, indiquoient aſſez les reſſorts qui faiſoient agir le peuple : on obſervoit ſur cela qu'il n'étoit pas vraiſemblable que ceux qui excitoient des ſaillies auſſi indiſcretes s'aveuglaſſent ſur l'inſuffiſance évidente de ces moyens contre le parti patriotique & le Corps entier de la bourgeoiſie ; on ſe croyoit en droit d'en conclure, ou au moins de ſoupçonner qu'il pouvoit n'être queſtion que d'aigrir les eſprits au point convenable pour amener par dégrés un événement dont il étoit fort à craindre que l'entiere réintégration du Prince ſtathouder ne fût qu'un objet partiel.

Toutes ces conſidérations ramenoient à la néceſſité abſolue d'exécuter le projet qu'on avoit conçu, & qu'on ſe propoſoit de développer auſſitôt qu'on ſeroit à portée de le faire.

On regrettoit amerement que les eſpérances conçues ſur la lettre du 12 de décembre ne ſe réaliſaſſent pas.

G

(98)

Toutes ces réflexions furent réunies dans une lettre du 15 de janvier qu'on finissoit par ces mots:

„ Ce n'eſt point la marche didactique des „ délibérations qui décidera la révolution. „ Le tems des négociations s'uſe & celui des „ opérations s'approche : ſi vous ne préve- „ nez pas, vous ſerez ſurement prévenus. „

Du 22 Septembre 1787.

„ Dans le moment même qu'on étoit étonné de la ſécurité apparente du parti patrioti- que à la vue d'une armée pruſſienne diſpo- ſée en guerre, & qui dans une ſeule mar- che forcée pouvoit ſe réunir au corps ſtat- houdérien ; dans le moment même, que ne voyant aucun corps mobile, ſoit natio- nal, ſoit étranger en état & à portée de tenir la campagne contre les pruſſiens, on voyoit au contraire toutes les forces pa- triotiques régulieres ou volontaires, ren- fermées dans Utrecht & dans les places principales du cordon de la province d'Hol- lande, n'oppoſer à l'ennemi que des mu- railles & des inondations; dans le moment même que juſtement allarmé ſur l'inſuffiſan- ce de ces moyens, on ne diſſimuloit point les inquiétudes (*) que donnoit une trop grande confiance dans ces défenſes pu- rement locales ; M. le duc de Brunſvick

---

(*) Pages 67, 68, 69 & 70 de cette collection.

ne juſtifioit déjà que trop ſurabondamment
juſqu'à quel point ces craintes étoient fondées. La juſteſſe avec laquelle le mouvement
des corps à ſes ordres·a été conçu & dirigé, la préciſion & la rapidité avec leſquelles
il a été exécuté, ont enfin entierement
anéanti tout eſpoir dans des négociations
du ſuccès deſquelles on ſe flattoit encore
deux jours auparavant, malgré les preuves
les plus évidentes de l'infructuoſité bien
décidée d'une médiation auſſi énergiquement tranchante : il ne falloit pas moins que
cet événement pour déchirer entierement
le voile que les chefs du parti patriotique
s'étoient mis volontairemenc ſur les yeux,
& qu'ils y ont gardé avec une opiniâtreté invincible, malgré toutes les preuves multipliées qu'on n'avoit ceſſé de leur donner (indépendamment de ce qui en avoit été déduit
dans le mémoire du 12 ſeptembre 1786)
du parti bien décidément pris par S. M.
Pruſſienne, d'intervenir finalement à main
armée dans la querelle du prince ſon beau-
frere. C'eſt à ce funeſte aveuglement & à
l'inexcuſable parcimonie qui les a portés à
ſe refuſer à la néceſſité abſolue dont il étoit
pour le ſuccès de leurs vues, de ſe mettre
aſſez en forces pour pouvoir principalement
compter ſur eux-mêmes (ſans ceſſer pour
cela d'avoir une juſte confiance dans l'intérêt que la puiſſance alliée prendroit à leur
cauſe) (néceſſité qu'on n'a jamais ceſſé de
leur mettre ſous les yeux) qu'ils ont à
imputer aujourd'hui la perte de tous leurs

avantages, & le danger très-inftant & réel qu'ils courent actuellement, de voir tous les efforts qu'ils ont faits, & les élans d'un courage qu'ils n'ont pas employés comme ils l'auroient pû & dû, n'aboutir, comme on le leur avoit annoncé, qu'à aggraver & per- pétuer le joug de la république, fi par de nouveaux actes de vigueur proportionnés à leur fituation préfente, ils ne tentent pas, au péril même de tout leur fang & de leur fortune jufqu'à l'impoffible pour réparer le grand échec qu'ils viennent d'effuyer. „

„ Le parti fubit d'évacuer Utrecht, après avoir pris depuis plus d'un an toutes les mefures pour le défendre, jufqu'à annoncer publiquement une réfolution formelle d'em- ployer les moyens les plus extrêmes, porte avec lui un caractere fi marqué de trouble & de précipitation, qu'on a de la peine à imaginer fur quel motif on a pu fe déter- miner à une réfolution, dont le premier effet devoit être néceffairement de porter l'allarme & peut - être le découragement dans les ames d'une bourgeoifie accoutumée à regarder cette place comme fon princi- pal boulevart, & qui conféquemment, en la voyant auffi promptement abandonnée à l'ennemi, peut avoir partagé les fentimens de terreur & d'embarras auxquels elle a attribué une réfolution auffi peu attendue ; & ces fentimens font bien loin de cet hé- roïfme de valeur & de générofité qu'il étoit plus queftion que jamais de lui infpirer. „

„ Il n'eft pas sûr d'abord malgré tous les

préparatifs qui paroiſſoient l'annonçer, que cette place eût été régulierement aſſiégée. Soit que M. le duc de Brunſwick ne fût chargé que de la vengeance & de la réintégration du Prince ſtathouder, ſoit qu'il eût des objets à remplir encore plus directement intéreſſans à S. M. Pruſſienne, on a de la peine à ſe perſuader que ce prince eût expoſé cette belle capitale à une ſubverſion totale ; un monceau de ruines, monument de la vengeance du Prince à lui conſerver, ou un monceau de ruines à conquérir pour le roi de Pruſſe pouvoient être d'une conſidération aſſez importante pour borner l'emploi des moyens deſtructifs à de ſimples démonſtrations, dont il ſeroit affreux (ſi cela étoit) de n'avoir pas calculé la poſſibilité ; mais en cavant au plus fort, & dans la ſuppoſition que le ſiége fut réſolu & que le parti fut ſérieuſement pris de ſe rendre maître de la ville d'Utrecht à tel prix que ce fût, il ſemble encore qu'il n'y avoit pas d'autre parti à prendre, dans la ſituation où on s'étoit mis, que de défendre cette place & d'en ſoutenir le ſiége avec la même intrépidité qui avoit animé ſes anciens défenſeurs bourgeois; on n'avoit à attendre, on n'avoit jamais attendu d'appui que de la part de la France, & Utrecht étoit la porte la plus naturelle de ſecours ; il étoit donc infiniment eſſentiel d'en reſter le maître. On le répete, on a de la peine à concevoir quelles ſortes de conſidérations ont pu prévaloir dans l'eſprit des ſeigneurs

G 3

du comité de défenfe, pour leur en faire
perdre de vue qui devoient leur paroître
d'un auſſi grand poids; mais enfin, ils ont
ordonné l'évacuation, on a obéi & on s'eſt
replié ſur Amſterdam, en abandonnant à
l'ennemi une partie conſidérable de l'artillerie, & des munitions en tout genre, qui
avoient été diſpendieuſement préparées
pour un uſage bien différent. Le mal eſt
fait; il eſt très grand ſans doute, reſte à
voir s'il eſt irréparable; on ne le croit
pas. „

„ Les ſecours de la France ont été trop
tardifs ſans doute, on ne peut le diſſimu-
ler; ſoit que les principes de bonne foi ſur
leſquels le miniſtere françois employoit la
médiation du roi, pour concilier les intérêts
reſpectifs du Prince & des patriotes, lui
ayent fait préſumer de parvenir à effectuer
ce rapprochement, en faiſant pour elle-
même & pour ſes alliés quelques ſacrifices
jugés indiſpenſables au maintien d'une paix
qu'on vouloit conſerver; ſoit que les embarras intérieurs ayent abſorbé toute l'attention qu'exigeoit la marche auſſi intéreſſante de cette affaire étrangere, & que
la magnanimité du roi ait balancé entre ce
qu'elle a cru devoir aux circonſtances du
dedans, & ce qu'elle devoit au dehors à
ſes alliés, il eſt certain que la France après
avoir été la premiere à annoncer la réſolution d'appuyer ſa médiation de moyens
efficaces, eſt effectivement la derniere aujourd'hui à en faire uſage; mais enfin ſi ſon

honneur, fa gloire & fon intérêt d'Etat l'exigent, il n'y a pas à craindre que le Miniſtre fupérieur qui n'eſt aujourd'hui en place que pour étendre le bien que fes prédéceſſeurs ont voulu faire, & réparer le mal qu'ils ont fait réellement, ne s'éleve pas au deſſus de toutes les difficultés. Le même homme qui a dit dès les premiers momens de fon adminiſtration, que l'amour du Roi & le zèle pour fon fervice étoient le patriotiſme des françois, jugera trop favorablement de fa nation pour douter un inſtant des moyens & des reſſources en tout genre que le roi a le droit d'en attendre, (même fans les demander) dès que fa gloire perſonnelle ou celle du nom françois pourroient courir le riſque d'être expoſés au reproche d'avoir abandonné des alliés qu'on a publiquement avoués. „

„ Les François marcheront donc, on le croit, & on croit auſſi qu'ils peuvent s'ouvrir, les armes à la main, un paſſage juſqu'au Corps patriotique renfermé dans Amſterdam; ce ne peut être qu'à la faveur de cette réunion qu'il eſt encore poſſible de rejetter l'armée pruſſienne juſques fur le Rhin, (qu'ill falloit peut-être l'empêcher de paſſer) & de regagner pour la caufe patriotique tous les avantages qu'elle n'auroit jamais dû perdre, mais qu'enfin elle a perdus. „

„ Il femble qu'il faille aujourd'hui que la République foit ou l'alliée ou l'ennemie la plus chaude de la France, & cette al-

ternative d'attachement ou de haine en-
traîne des fuites fi importantes pour ou
contre cette couronne, foit fur terre, foit
furtout fur mer, qu'il paroît impoffible que
cette confidération majeure doive ou puiffe
céder, en bonne politique, à aucune autre,
telle qu'elle puiffe être. L'acte de protection efficace que la caufe patriotique at-
tend de la France, eft le feul qui puiffe la
relever; mais fi elle fe releve, ce fera
avec d'autant plus d'énergie qu'elle aura
été éclairée par le danger, & qu'elle fera
plus difpofée à adopter pour l'avenir les
vrais moyens de conferver fa fupériorité,
tels difpendieux qu'ils puiffent être. „

„ Tant qu'il reftera volonté & fortune à
la bourgeoifie patriotique, rien n'eft encore abfolument perdu, & ces deux moyens
principalement effentiels font encore en fa
puiffance, malgré l'entrée de l'ennemi dans
fes villes ; ces mêmes moyens fe retrou-
veront en entier fi on parvient à l'en chaffer, & fi cela n'eft pas auffi facile à exécuter qu'il l'a été à M. le Duc de Brunfwick
de triompher des obftacles infuffifans qu'on
lui avoit oppofés, cette difficulté n'eft
après tout qu'un motif de plus pour les
François de redoubler de vigueur & de
valeur: on croit qu'ils le doivent, & on
croit auffi qu'ils le peuvent. „

„ On ajoute qu'en prenant ce parti, on
ne fauroit y mettre trop de vivacité & en
même tems trop de circonfpection. Dans
une note en date du 7 de ce mois, on écri-

voit cette phrafe : *la Hollande eft menacée &*
la Hollande peut n'être qu'un pont. L'état des
chofes dans cette république eft aujourd'hui
plus que comminatoire ; le pont eft franchi
& l'ennemi a paffé ; a-t-il, peut-il avoir un
objet, une marche ultérieure ? c'eft ce
qu'il feroit de la plus grande importance
de prévoir pour être en mefure de le prévenir. Jufqu'à préfent l'Angleterre n'a
point encore agi formellement à découvert, mais on ne peut douter de fon vœu
dans l'affaire du Stathouder, ni de fes difpofitions habituelles d'entrer dans toutes
les mefures qui peuvent tendre à obfcurcir la gloire ou diminuer l'influence de fa
rivale. On ignore jufqu'où peuvent avoir
été les affurances que le cabinet de Saint-
James a données à celui de Verfailles fur
fon défir de conferver la paix ; mais on
n'ignore pas le fecond voyage que le Général *Faucit* vient de faire à Brunfwick, à
Caffel & dans quelques autres Cours d'Allemagne ; on fait de plus quel en a été l'objet; on a obfervé que dans l'efpace de fix
femaines les approvifionnemens de fourages ont été fi confidérables que prefque
partout le prix de l'avoine eft monté au
delà même du double ; on parle dans ce
moment même & d'une maniere affez po-
fitive, de l'établiffement très prochain d'un
camp d'obfervation dans la Baffe-Saxe près
d'Hildesheim ; Quels objets peut avoir à
obferver une armée qui dans cette pofition
fera en quelque façon placée en feconde

ligne de celle que commande M. le Duc
régnant de Brunſwick en Hollande ? contre qui cet armement excité & payé par
l'Angleterre peut-il être dirigé ? il ne l'eſt
évidemment pas contre le Roi de Pruſſe ;
trois mille Munſtériens ſujets de l'Electeur
de Cologne & 10,000 Saxons qui doivent
en faire partie, dans un moment où l'Electeur de Saxe vient de marier le Prince
Antoine ſon frere à une niece de *Joſeph II*,
écartent juſqu'au ſoupçon que ce puiſſe
être contre l'Empereur ; contre qui donc,
on le demande encore, cet armement peut-
il être dirigé ? l'Empire n'a rien à craindre ;
l'armement général n'eſt donc pas de précaution ; l'Empire peut-il avoir un intérêt
collectif pour employer des moyens violens ? on n'étendra pas encore cette réflexion au delà de ce qui a déjà été fait,
mais on n'en perſiſtera pas moins à fixer
ſes regards ſur cette ſinguliere aſſociation,
& à l'enviſager (ſurtout dans les circonſtances préſentes du dedans & du dehors)
comme une de ces combinaiſons dangereuſes qui exigent la plus grande attention, &
qui peuvent exiger des réſolutions promp-
tes & une vigueur proportionnée à la nature
des périls qu'on auroit à courir, ſi on né-
gligeoit de ſe préparer à tout événement.
La ſupériorité des moyens maritimes de
la France (ſi ſon alliance tient avec la République, & ſurtout qu'elle ſoit reſſerrée
par la reconnoiſſance) eſt d'un ſi grand
poids dans la balance des efforts qu'elle

pourroit avoir à faire, qu'on ne doute pas
que cette couronne ne prenne & n'ait même déjà pris les mesures les plus actives
& les plus vigoureuses pour réparer un
échec qui ne peut pas porter sur le parti
patriotique, sans que le contre-coup de ce
malheur ne puisse lui être, *ne lui soit* à
elle-même infiniment préjudiciable. „

MEMOIRE

*Remis à Paris le 3 Novembre 1784, à M.
l'Ambassadeur extraordinaire de Leurs Hautes
Puissances.*

Se flatter que l'Empereur puisse encore
être ramené par la voie de la persuasion,
sur un objet dont il est très prouvé que
ce Prince s'occupe depuis longtems, avec
le ferme propos de ne s'en pas départir,
& différer, sur une espérance aussi frivole,
l'emploi des moyens, *les seuls peut-être* propres à faire retomber sur lui les frais & les
malheurs de la guerre dont il va embraser
l'Europe ; ce seroit perdre volontairement
tous ses avantages, & se dévouer par son
irrésolution à une suite incalculable de ca-
lamités que l'activité du moment sauveroit
à la République, en la couvrant de gloire.

Réunir toutes les troupes de la République sous Lillo, marcher de là droit à
M. le Prince de Ligne, l'attaquer & lui

paſſer ſur le ventre, s'il oſe tenir la campagne avec des forces auſſi inférieures.

S'il ſe jette dans Anvers, l'y bombarder
à toute outrance, pour le mettre dans l'alternative très embarraſſante, ou, d'avoir
à répondre à ſon maître de l'embraſement
total d'une ville auſſi opulente , ou pour
l'éviter, de courir les haſards de ſe faire
affamer en ſe jettant dans la citadelle avec
un Corps trop nombreux pour y ſubſiſter
longtems, & d'y être conſéquemment obligé
de ſe rendre.

Tirer de cette même ville d'Anvers à
laquelle l'Empereur veut ſacrifier la République , des contributions aſſez fortes
pour qu'elle porte tous les fraix de l'expédition , en faire, ſi la guerre a lieu, une
place d'armes pour couvrir toutes les
places de l'Oueſt-Schelde, profiter du dégarniſſement total des villes de la Flandre
& du Brabant pour exiger les plus fortes
contributions de Bruxelles , de Louvain ,
de Malines, de Bruges &c.

Voilà un plan de campagne qui , pour
être couronné du ſuccès le plus éclatant,
n'a beſoin que d'être exécuté avec la même rapidité que la plume en met à le tracer.

Tout à gagner à le ſuivre ; tout à riſquer
& à perdre , à le rejetter, ou même à le
différer.

Objeΰion.

Mais les Hollandois par une démarche
auſſi violente , ne mettront-ils pas de leur

côté tous les torts de l'aggreſſion, & ne s'expoſeront-ils pas par-là à perdre tous les ſecours que les traités leur aſſurent, lorſqu'ils reſteroht enx-mêmes dans le cas de la pure défenſe ?

Réponſe.

Ce n'eſt pas à une phraſe de manifeſte que le fort de la République doit être atta-ché ; ce n'eſt pas de la force de ſes rai-ſons, mais de la force de ſes moyens d'op-poſition que l'opulence, la ſureté & peut-être la ſouveraineté de la plus floriſſante République va dépendre : l'Europe eſt trop clairvoyante (tel parti qu'on prenne) pour ſe méprendre ſur le véritable aggreſſeur, & dans un cas auſſi intéreſſant, c'eſt le fonds qui emporte, & qui doit emporter la forme.

Si les amis & les alliés de la République balancent, ce n'eſt pas par l'incertitude de ſavoir de quel côté eſt le droit & la juſtice, mais la prudence..., la circonſpection..., la crainte..., le défaut de confiance.... Et qui pourroit mieux inſpirer cette der-niere qu'un début auſſi impoſant que celui qu'on propoſe à la République ?

Cette opération qui n'a pas beſoin de quinze jours pour être conſommée, ſeroit entierement terminée avant l'arrivée d'au-cunes troupes allemandes ſur le Rhin, où les différens Corps qui y arriveroient, n'ayant plus en Brabant ni places, ni ma-gaſin, ni munitions, ni artillerie, ſe trouveroient forcés d'attendre que des moyens aussi indispensables fussent réparés, ce qui ne pourroit se faire qu'avec beaucoup de tems, pendant lequel la République pourroit concerter avec elle-même & avec ses alliés le plan ultérieur de la campagne, en se sauvant par là de tous les périls & de tous les hasards, que sans cela elle peut avoir à courir même pendant l'hiver.

L'Empereur a calculé vraisemblablement sur la lenteur, & peut-être l'irrésolution des délibérations Républicaines ; cette opinion peut décider essentiellement contre les vues de ce Prince, si la République profite de l'indiscrétion avec laquelle il annonce ses projets de vengeance, avant l'époque où il sera en mesure de les effectuer.

Note du 7 Novembre 1784, remise au même.

Un état exact & détaillé du corps de troupes autrichiennes qui passent actuellement de l'Empire dans les Pays bas.

L'ordre de marche sur lequel les régimens se remplacent successivement dans leurs cantonnemens.

Leurs séjours, & l'époque de l'arrivée des différentes divisions à tel ou tel endroit.

Le point central de réunion où toutes ces troupes doivent passer le Rhin.

L'intervalle qu'il y aura entre l'arrivée de l'avant-garde à ce point central, & l'arrivée des autres divisions.

De combien de troupes & de quelle efpece de troupes fera compofée l'avant-garde, & fur quelle direction elle marchera
à la gauche du Fleuve ?

Quel train d'artillerie ces troupes con-
duiront-elles avec elles ? De combien de
bouches à feu, & de quelle efpece de bouches à feu, cette artillerie eft compofée ?
quelle eft la quantité des munitions en
poudre, cartouches, boulets, bombes, obu-
fiers, &c. que cette armée conduit avec
elle ?

Eft-ce par terre ou par eau que fe fait
le tranfport de l'artillerie ?

Si c'eft par eau (comme on le foupçonne)
à quel point du Mein ou du Rhin s'eft fait
ou doit fe faire cet embarquement ?

Combien y a-t-il de bateaux employés
à ce tranfport, & quel eft fur le Fleuve
l'ordre de marche de cet intéreffant convoi ?

Les tonneaux de poudre font-ils diftri-
bués dans les différens bateaux, ou font-
ils particulierement placés dans des bâtimens poudriers fpécialement déftinés à ce
fervice ? Ces bateaux font-ils efcortés &
comment ?

Ce ne peut être que fur la connoiffance
la plus exacte de ces différens objets, que
la République peut former un plan raifonné
de défenfe pour elle-même, & concerter
fes mefures avec celles de fes alliés ; c'eft
d'après cette connoiffance exacte & précife
de tout ce qui la menace, qu'elle peut ac-

célérer la décision de ces mêmes alliés, & les forcer, malgré leur irrésolution, à prendre un parti aussi décidé que le feront les intentions de l'ennemi calculées sur les rapports exacts & précis que la République aura reçus de leurs marches & de leurs moyens.

Indépendamment de ces motifs qui seroient plus que suffisans pour faire sentir toute l'importance dont il est de se procurer une connoissance aussi indispensable ; il y a de plus telle circonstance possible, où la parfaite connoissance qu'on se feroit procurée sur ces différens objets, pourroit indiquer des moyens également prompts & efficaces pour le salut de la République.

On propose à Monsieur l'Ambassadeur un colonel au service du Roi, de l'intelligence & de la capacité duquel on ne craint pas de répondre comme de l'homme le plus propre à bien reconnoître & suivant les circonstances, à exécuter tout ce qu'on jugera convenir à la sûreté ou à la gloire de la république.

Observations

Observations sur le Mémoire du 3 Novembre 1787.

Du 24 Septembre 1787.

„ Les plus grands hommes font des fautes ; ils les avouent & les réparent ; il n'y a que ceux qui ne font que des fautes, qui n'en avouent & n'en réparent aucune. L'Empereur en avoit fait une bien grande aux yeux de tout homme d'Etat & de guerre, en annonçant auffi hautement fes projets de vengeance, avant d'être à portée d'effectuer la menace. Il eft fûr que M. le Prince de Ligne n'avoit que 11 à 12 mille hommes à fes ordres, pendant que la République en avoit au moins 24 mille parfaitement mobiles. „

„ Dans la faifon la plus favorable de l'année, les Corps de troupes qu'il falloit tirer des autres Etats héréditaires pour les porter dans les Pays-Bas, exigeoient une marche de cinq ou fix femaines au moins, & ce reverfement étoit d'autant plus difficile & d'autant plus difpendieux à exécuter dans les commencemens d'un hyver rigoureux. Ou il faudroit renoncer à toute efpece de calcul fur la conduite des événemens, ou le fuccès de l'expédition indiquée devoit être auffi prompt qu'affuré. Telle valeur, telle habileté qu'y eût mifes M. le Prince de Ligne, il lui reftoit toujours à combattre un contre deux, & toute la gloire perfonnelle qu'il eût pu acquérir en rempliffant cette tâche difficile , la fin d'une lutte auffi inégale devoit être ou la deftruction ou la reddition du Corps à fes ordres , & la pleine liberté au vainqueur d'en donner d'abfolus à main armée dans tout le Pays-Bas autrichien. L'enlevement de toute l'artillerie & des munitions qui y appartiennent , pour être diftribuées & employées à la défenfe de la ville d'Anvers dont la République auroit fait fa place d'armes & où elle auroit couvert toutes fes places du Brabant hollandois, le tranfport de tous les chevaux, grains & fourages du pays autrichien dans les villes & les magafins de la République , le verfement de toutes les caiffes autrichiennes dans le tréfor de l'Etat, & enfin les énormes contributions qu'on auroit tirées de toutes les villes opulentes de la domination ennemie , auroient été les fuites naturelles d'une expédition éphémere , qui pouvoit être confommée au plus dans l'efpace d'un mois. Qu'on calcule, dans cette fuppofition, ce qu'il en auroit coûté de tems & de dépenfes à l'Empereur pour faire un remplacement auffi indifpenfable : Qu'on oppofe à ce calcul les facilités qu'auroit eues la République , en employant convenablement le même tems & une partie des fommes qu'elle auroit retirées de fon expédition , à augmenter fon armée pour la mettre en nombre & en moyens de tout

genre, au niveau de celle qu'elle devoit
avoir à combattre : Qu'on réfléchiſſe de
bonne foi ſur le parti qu'elle auroit tiré,
dans des circonſtances déciſives, de l'effort
de ſes phalanges patriotiques formées &
& armées ſur le plan propoſé, & d'après
une juſte conſidération de tous les réſultats évidemment avantageux que la République avoit à ſe promettre en prenant
le parti qui lui étoit indiqué, qu'on juge
la vraie valeur du Mémoire du 3 Novembre 1784. „

„ Les mêmes notions qu'on eut trois
mois après ſur les négociations ſecretes
des Cours de Vienne & de Munich, auroient également percé, elles auroient
ſonné la même allarme dans les cabinets;
elles auroient également embarraſſé l'Empereur, & elles auroient procuré peut-
être à la République de nouveaux moyens;
Frédéric II, *Frédéric* le promoteur de la
ligue germanique, qui peut-être ..., *Frédéric II* vivoit, & avec toutes ces conſidérations réunies, il eſt plus que vraiſemblable que l'Empereur s'avouant à lui-
même ſa précipitation haſardeuſe, auroit
pris le véritable & ſeul parti qu'il eût à
prendre pour la réparer, en s'en remettant à la médiation du Roi ſon beau-frere,
comme il l'a fait, mais dans des circonſtances & avec des réſultats bien différens.
L'équité du médiateur dans la ſituation
embarraſſée où ſe ſeroit trouvé l'Empereur, n'auroit point été gênée par le ton

d'exigence que ce Prince a pu élever dans la négociation conciliatoire, à mesure que l'arrivée succeffive de fes moyens lui en donnoit le droit & la force ; le Roi auroit pu ménager également la dignité de S. M. Impériale, les juftes droits de la République fa future alliée, & les vrais intérêts de fa propre couronne ; il n'étoit queftion pour cela que de confirmer complettement & dans tous fes points la lettre & l'efprit du traité d'Ofnabruk fur le fait de l'Efcaut, fans y inférer aucune claufe nouvelle dont l'ambiguité (furtout après la ceffion inconcevable de Lillo) peut & doit (comme il fera peut-être prouvé avant peu) expofer la totalité du Brabant hollandois. „

„ On doit rendre juftice à M. l'Ambaffadeur & aux Membres de l'Etat auxquels il fit paffer ce mémoire ; ils en fentirent toute l'importance, & ils en furent dans le premier moment fi véritablement frappés, qu'ils crurent en approuvant le projet, qu'il convenoit, d'en confier l'exécution à celui même qui l'avoit fait. On le propofa effectivement au Prince Stathouder qui le refufa, & on convient que c'étoit par de très fortes raifons, la propofition lui ayant été faite comme s'il eût été queftion de donner à cet Officier-Général le commandement de l'armée, ce qui ne pouvoit qu'être révoltant pour d'anciens officiers, dont plufieurs d'une naiffance éminente, qui avoient vieilli &

mérité au fervice de la République. Si le Prince avoit pu lire dans l'ame de l'homme qu'on lui nommoit, il auroit vu combien il étoit loin de cette ambition préfomptueufe, & il en a donné la preuve dans des Lettres & Mémoires qui fe trouveront dans cette collection. La feule ambition qui l'eût flatté, fi ce choix avoit été agréé, eût été, en fervant fimplement dans l'armée républicaine à fon grade & à fon rang d'ancienneté, d'y employer le peu de talent qu'il pouvoit avoir & fon expérience, à concourir effentiellement à la gloire individuelle du Prince même, qu'il fe feroit invariablement appliqué à ne féparer jamais de celle de l'Etat, & il eût mis la fienne perfonnelle à remplir uniquement ce devoir. „

„ Si le refus du Prince eût été le feul obftacle, dans les difpofitions de confiance où étoient les Membres propofans, il eft vraifemblable qu'il auroit été levé, mais il s'en éleva d'ailleurs d'une nature qui, quoiqu'en apparence, moins impofante, furent plus décififs dans l'efprit de déférence & de condefcendance abfolue auquel on fe livroit. La premiere propofition tomba, & on oublia totalement & le ferviteur qui s'étoit dévoué & le fervice qu'il avoit rendu. Cette condefcendance qui, au premier afpect, peut paroître indifférente, eft peut-être la fource réelle de tous les maux qui ont déchiré & déchirent dans ce moment-ci le fein de la Républi-

que ; & d'autres malheurs encore qui peuvent lui être réfervés : (on défire fur ce
dernier point fe tromper, mais on ne s'en
flatte pas.) Ce qu'il y a de fûr, c'eft que
fi le plan & l'auteur avoient été adoptés,
tout l'honneur, toute la gloire d'une expédition auffi utile à la République, auroit
été rapportée au Capitaine-Général, & que
la confiance refpective dont auroit été
également honoré & par le Prince lui-même & par les membres de l'Etat (fans
acception de dénomination ariftocratique
ou patriotique) le ferviteur qu'on auroit
employé, n'auroit fervi dans les principes
de fa conduite , qu'à les rapprocher les
uns des autres ; & il eft fi aifé, dans la fatisfaction générale d'un grand avantage
commun, d'éteindre & d'oublier les petites
querelles particulieres, que ce même homme ne doute pas encore, dans ce moment-
ci, qu'il n'y fût parvenu. Les fuccès à la guerre (& il y en auroit furement eu) auroient
également rappellé à un Prince de Naffau
& aux Membres les plus patriotiques de
l'Etat, les époques mémorables. & agréables où la gloire des uns & des autres
étoit auffi étroitement unie ; cette idée
de gloire qui abforbe toutes les autres,
les auroit entraînés, & on eft convaincu
que la feule gaîté d'un feftin , (fi on ofe
fe fervir d'une expreffion proverbiale que la
République elle-même a enoblie dès fon
berceau) auroit raccommodé tous les def-
cendans des anciens *Gueux marins* à cette

même *écuelle* qui a été pour leurs peres, le premier figne de liberté, d'indépendance & de gloire. Que de maux n'eût pas prévenus une réunion auffi défirable ! comment les plus grands événemens tiennent-ils à d'auffi petites caufes ? comment cette chaîne fi intéreffante de profpérités a-t-elle été brifée dès le premier anneau ? Pourquoi en rejettant l'auteur du plan (puifqu'il falloit déférer) n'a-t-on pas du moins fuivi le plan même fous la direction de tout autre Officier-Général ? Pourquoi a-t-on préféré le fentier épineux de négociations qui devoient fi évidemment fe terminer par des conditions ruineufes & humiliantes pour le moment, & qui en ont préparé de plus défaftreufes encore peut-être pour l'avenir ? Il n'y a qu'un mot qui puiffe l'expliquer ; M. *de Vergennes* vivoit alors, *& eo temporis,* comme le difoit *Puffendorff* du miniftere de Drefde de fon tems, *nihil vegetis confilii expectandum.*

LETTRE

*de M. L. B. d***, du 13 Février 1787.*

Monfieur, malgré l'opiniâtreté manifefte du ftathouder, on prétend que la cour de Berlin entamera encore la voie conciliatoire : & qu'elle fe propofe d'employer à cet effet le duc régnant de Brunfwick. Peut-être êtes-vous en état d'appro-

fondir *ses desseins*, & dans ce cas vous m'obligerez infiniment de m'en instruire le plutôt possible.

Les papiers publics vous ont appris la déclaration du roi de Prusse, qui nous sert de garant que ce prince ne fera aucun pas contraire à nos justes vues réformatrices : nonobstant je suis très fort de votre avis qu'on doit être attentif dans toute l'étendue du terme. Peut-être que ledit déclaratoire peut servir de préparatoire aux vues de Frédéric Guillaume.

On s'efforce d'affecter bonne contenance à la cour de Nimegue ; ses émissaires travaillent plus que jamais à fomenter les divisions, mais je puis vous assurer que les mesures sont si bien prises que nous méprisons tout ce qu'on pourra mettre en avant. Nous sommes tellement assurés de la cour de Versailles que nous pouvons braver toutes ces sourdes menées. Je crois que les troupes en Flandre recevront des ordres secrets de se tenir prêtes à marcher à la minute en cas de besoin.

Je vous avoue que le parti du Stathouder trouve parmi le petit peuple nombre de partisans, mais en revanche l'élite de la nation est armée & en même tems disposée à soutenir en vrais bataves la bonne cause, et depuis qu'elle voit que le Stathouder se refuse à tout accommodement, il faudra qu'on en vienne à des mesures plus énergiques pour faire renaître une paix intérieure sur les principes du vrai système Républicain.

La proposition que la ville de Haarlem vient de faire vous sera connue ; on se pressera de pousser l'effet qui en doit résulter. Il est apparent que le Stathouder (à moins que le roi de Prusse n'y pourvoye par des voies à l'amiable) s'obstinera de plus en plus, & pour ces raisons il est fermement décidé qu'on donnera carriere libre à la nation, pour se mettre en état de pouvoir se faire raison.

Je vous confie un secret. On fait des préparatifs sur un plan bien rédigé & sans incidens, qui promet une prompte réconciliation constitutionnelle ; on verra dans deux ou trois mois d'ici que la nation Belgique n'est nullement dégénérée de ses ancêtres. Je crois, Monsieur, que de telles mesures seront analogues à vos idées : Le tems des négociations s'use, & celui des opérations s'approche.

Il faut en passer par là, aussi est-il bien préférable d'en venir à une prompte décision, plutôt que de rester éternellement dans des incertitudes qui, au bout du compte, mettent la République au bord du précipice qu'on a préparé depuis si longtemps pour sa perte.

Le roi de France est fort mécontent de la publicité des lettres de M. de Rayneval ; M. de Vérac s'en est plaint, on réparera l'omission de celles du comte de Goertz qui ne se trouvent pas dans la collection publiée à Nimegue.

Je me recommande, Monsieur, à votre souvenir ; vos informations marquées au coin d'une correspondance étendue me font un vrai plaisir.

J'ai l'honneur d'être, &c.

„ P. S. Je crois avec vous, Monsieur, que le cabinet de Saint-James fera l'impossible pour soutenir le parti du cousin, mais en réfléchissant sur la position actuelle de la Grande-Bretagne, il me semble que nous n'avons pas beaucoup à redouter de son pouvoir. J'avois bien déjà quelques indices du projet concerté il y a déjà quelque tems entre la cour de Londres & l'Empereur; mais est-il possible qu'on le pourra effectuer? Je vous avoue que si l'Empereur revenoit à renouveller ses prétentions de concert avec l'Angleterre, cela ne nous conviendroit pas. Mais par contre le roi de France auroit toujours des moyens efficaces pour prévenir ces vues ambitieuses; En attendant il seroit à désirer qu'on pût apprécier au juste les idées du chef de l'Empire & savoir surtout de quel œil il envisage la conduite du Stathouder.,,

---

La réponse à cete lettre du 13 Février, reçue le 28, est du 2 Mars 1787.

,, Monsieur, j'ai su que le roi de Prusse avoit effectivement appelé auprès de lui M. le duc régnant de Brunswick son Feld-Maréchal de confiance & son ami de cœur; que ce prince, aussitôt après son arrivée à Berlin, y avoit eu avec le monarque des entretiens trop longs & trop suivis pour n'être pas remarqués par les observateurs du nouveau regne; Qu'à ces entretiens avoient succédé des conférences où le Roi avoit mandé ses ministres & appelé quelques-uns de ses officiers généraux & que le duc étoit immédiatement après retourné à Brunſvick. Quoique l'objet précis de cette intéreſſante conſultation ne ſoit pas encore connu, on ne doute pas qu'il n'ait été queſtion d'une réſolution majeure ; mais aucune des différentes ſpéculations qu'on a faites à ce ſujet, n'a porté ſur une repriſe de négociations de la part de S. M. Pruſſienne avec la République : il paroîtroit même, à en juger par quelques obſervations que j'ai vues conſignées dans une lettre authentique que le parti diamétralement oppoſé aux voies conciliatrices eſt celui auquel on ſe feroit décidé. Il eſt ſûr que le crédit de M. de *Hertzberg* eſt fort diminué : ce miniſtre qui avoit joui de la confiance intime du feu roi & qui, à en juger par les titres & les diſtinctions dont il avoit d'abord été honoré, paroiſſoit deſtiné par le ſucceſſeur à être le flambeau de ſon conſeil, a beaucoup perdu de ſon influence dans les affaires. Les principes de ce miniſtre ſur les diſſenſions de votre République, ſon amour pour la paix & ſurtout ſon éloignement pour toute eſpece d'expédition ſur le bas-Rhin, ont été trop à découvert pendant les deux dernieres années de la vie de *Frédéric II*, pour qu'on n'augure pas avec quelque apparence ſur la diminution du crédit de ce miniſtre, que des ſentimens contraires aux ſiens ont prévalu dans le cœur de ſon nouveau maître. Cette réflexion m'a paru ſi frappante, Monſieur, que dans le moment même que j'en entendois la lecture, j'ai prévenu de moi-même le déſir que vous

me marquez dans la lettre à laquelle je ré-
pons, & j'ai été aſſez heureux pour pouvoir employer une perſonne dont j'eſpere
tirer quelques lumieres ſur les objets réels
dont le monarque a pu s'occuper avec le
duc. Je ſerai très flatté, Monſieur, ſi je puis
vous donner ce nouvel acte de mon zele
& de mon déſir de vous être utile. „

„Je ſoupçonne que ce qui peut avoir donné
lieu à l'idée ſur le duc de Brunſwick eſt le
paſſage du duc régnant de Saxe-Weymar
auſſi ami & dans la confiance du roi de
Pruſſe, (c'eſt le même chez lequel votre
ancien Feld-Maréchal le duc *Louis* s'eſt
retiré.) Il eſt effectivement vrai que ce duc
a paſſé, il y a quelques ſemaines; je l'ai
vu moi-même relayer ; on prétendoit
alors qu'il alloit à Verſailles & qu'il étoit
chargé d'y traiter d'après les intentions
préciſes & confidentes de ſa Majeſté pruſſienne. L'état & les relations des perſonnes
de qui je tenois cette nouvelle n'avoient
pas laiſſé que de me donner à penſer, malgré ma prévention contre les vues réelles
du roi de Pruſſe, & je me propoſois même
de vous en faire part, lorſque je vis entre
les mains d'un homme qui m'honore de ſon
amitié, une lettre de la main même du duc
de Weymar depuis le retour de ce prince
dans ſa réſidence : Il n'a fait que toucher la
frontiere de France, & s'il eſt vrai que ſon
voyage ait eu quelques vues ultérieures,
je crois que c'eſt plutôt à Londres qu'à
Paris qu'il faudroit en chercher l'objet. „

,, J'ai lu dans les papiers publics, Monſieur,
les lettres du roi de Pruſſe & de M. le comte
de *Goertz*, & la franchiſe de ma confiance
ne me permet pas (quoi qu'on ait cherché
dans les mêmes papiers à les faire enviſager
ſous cet aſpect) de regarder ni l'une ni
l'autre comme des garants bien ſûrs, de
la tranquillité avec laquelle la cour de Berlin
verra votre République ſuivre & conſom-
mer ſa marche réformatrice : J'y crois
voir moi, au contraire, une réſolution
très préciſe de ſoutenir très réellement un
Prince auquel on s'intéreſſe *particuliere-*
ment par les liens qui attachent ſi étroitement la maiſon de Brandebourg à celle
de Naſſau. *Je m'eſtimerois heureux*, écrit le
comte de *Goertz*, *ſi j'avois pu reſſerrer*, &c.
Il ne les a donc pas reſſerrés ces nœuds,
comme il l'auroit déſiré, ils ſont donc dans
le cas de ſe relâcher ; juſqu'à quel point ſe
relacheront-ils après la miſſion infructueuſe
du comte ?

Ce que vous me faites la grace de me
confier, Monſieur, ſur la nature réelle des
moyens d'oppoſition vigoureuſe dont
vous vous tenez parfaitement aſſuré de la
part de la France, & ſurtout, ſur le plan
bien rédigé d'une réconciliation conſtitu-
tionnelle, calme toutes mes inquiétudes
pour l'avenir. Je ne ſaurois trop le répéter :
vous avez en vous-mêmes tout ce qu'il faut
pour triompher de tous vos ennemis, tels
qu'ils ſoient, tels qu'ils puiſſent être. En
me répétant ma propre phraſe, je vois que

(126)

vous m'avez parfaitement entendu, & je vous entends aussi sur les suites prochaines du principe admis entre nous, & sur la nécessité indispensable des démarches qu'il doit déterminer. (*) „

„Le changement survenu dans le cabinet de Versailles ne peut qu'être avantageux à la cause patriotique ; les bases posées par M de *Vergennes* seront les mêmes, mais elles seront certainement appuyées, par M. le comte de *Montmorin* avec plus d'énergie active qu'elles ne l'auroient été par son prédécesseur : Mais malgré toute ma confiance dans l'élévation & la fermeté de caractere du nouveau ministre dirigeant, & malgré l'espece de droits particuliers que lui donne sur l'esprit de son maître l'amitié personnelle dont le roi l'a constamment honoré dès le tems même qu'il étoit son Menin : quand je serois encore plus assuré moi-même, s'il étoit possible, de la vigueur des résolutions & des mesures prises & à prendre, j'insisterois sur l'importance absolue dont il est à la République *de compter*

____

(*) Ces démarches sur lesquelles on n'avoit pas pu s'expliquer plus positivement, faute des moyens d'aller le faire de bouche comme on se l'étoit proposé, étoient l'exécution du plan qu'on avoit projetté pendant le séjour de la cour stathoudérienne à Nimegue. On n'avoit point été entendu quoiqu'on s'en fût flatté. Que de regrets, que de réflexions feront tous les vrais Patriotes qui liront cette correspondance, en voyant à quoi peut avoir tenu le succès ou la ruine de toutes leurs espérances !

*principalement fur elle-même, & de ne regarder
tout fecours étranger, tel qu'il puiffe être, que
comme concomitant.* „

„ Ce qui me fait infifter, Monfieur, &
peut-être *ufque ad naufeam* fur cette réflexion, c'eft qu'indépendamment de tous
les motifs dont je l'ai déjà appuyée dans
toutes mes précédentes, d'après certaines
indications tirées de lettres de gens inftruits qui font fur les lieux, l'appel que
le Roi de Pruffe a fait à Berlin du Comte
de *Brühl*, pour l'éducation des Princes fes
fils, doit être fuivi de l'arrivée prochaine
d'un eccléfiaftique catholique pour entrer
dans la même éducation, & même, ajoute-
t-on, pour influer auffi dans celle de la
Princeffe royale leur fœur. Cette fingu-
larité comparée & combinée avec la finuofité de la marche que peut prendre un
Prince auffi habile que *Jofeph II* pour arriver à fes fins, fait croire à beaucoup de
perfonnes qu'il pourroit être queftion entre les deux Maifons qui balancent l'Empire, d'un rapprochement intime qui en
réuniffant (au moins pour quelque tems)
leurs vues & leurs moyens, auroit des
réfultats fi dangereux pour la France el-
même, qu'avec la meilleure volonté, il lui
feroit bien difficile d'être en état, & même
de refter à portée d'être effentiellement
utile à fa nouvelle alliée. Je ne vois à la
vérité, M., jufqu'à préfent rien qui confirme pofitivement cette interprétation,
(que je vous avoue cependant être une de

celles auxquelles l'arrivée de M. le Duc régnant de Brunfwick à Berlin a donné lieu) mais je ne vois rien non plus qui raffure pofitivement contre la poffibilité d'une combinaifon où l'intérêt actuel des deux contractans pourroit également trouver de quoi fe fatisfaire. „

„ Ce que je puis vous certifier, Monfieur, & je ne le fais que fur des *notions certaines*, fur des *indices marquans*, c'eft qu'il fe prépare dans ce moment-ci en Allemagne un grand événement quelconque, dont le principal moyen paroît être de rapprocher tous les Princes & Etats de l'Empire. Il y auroit bien des corollaires à tirer de ce texte, mais en les réduifant à ce qui peut intéreffer directement votre République, je crois qu'il vous importeroit d'autant plus de percer ce myftere, que l'état actuel de vos affaires eft tel que, d'un inftant à l'autre, il peut & *doit peut-être* devenir l'*occafion* ou le *prétexte* d'une grande explofion à la faveur de laquelle, en fixant avantageufement en Hollande l'Etat de M. le Prince de Naffau, les mêmes Princes qui l'auroient foutenu fe rembourferoient furabondamment aux dépens du refte de la République des fraix de leur protection.„

„ Ceci revient forcément à ce que j'ai eu l'honneur de vous marquer dans mon Mémoire du 12 de feptembre 1786; il eft de la noble fermeté d'un patriote batave de fixer cette perfpective poffible, toute révoltante

voltante qu'elle foit, pour fe mettre d'autant plus en état d'en braver le danger, en préparant furtout les moyens efficaces qu'il a dans fon propre fein, & dont aucune circonftance ne peut le priver. „

Dans une nouvelle lettre des premiers jours de Mars, où l'on renouvelloit les demandes qu'on avoit faites , & fur lefquelles la réponfe du 12 Décembre avoit donné des efpérances, on le fit avec d'autant plus d'inftances, qu'on voyoit le tems propre à l'exécution projettée, s'écouler infenfiblement, qu'il n'y avoit déjà que trop de tems perdu, & qu'il n'y avoit plus un feul inftant à perdre.

On revenoit dans cette même lettre fur la continuité de ces difpofitions générales dont on voyoit tous les Princes du Corps germanique occupés, & on infiftoit fur la nature du danger qui pouvoit réfulter contre la caufe patriotique, de cette réunion finguliere & inattendue; (quoiqu'on ne doutât pas qu'elle ne dût avoir un objet ultérieur, & d'une toute autre importance que la querelle de la République.) Et enfin on y donnoit l'avis de la fenfation uniformément défavorable qu'avoit faite dans toute l'Allemagne la déduction du célebre *Schlœzer* en faveur de S. A. S. le Duc *Louis* de Brunfwick Wolffenbuttel, & on confeilloit, comme une démarche qui n'étoit pas indifférente, de charger quelque publicifte habile & dont la plume fût affez exercée pour foutenir , s'il étoit poffible,

I

la comparaiſon avec celle de M. le Pro-
feſſeur *Schlœzer*, de rédiger & de produire une déduction contradictoire en faveur des patriotes & de répandre cet ouvrage dans l'Empire.

La réponſe de M. le B. d*** à ces lettres, eſt du 24 Mars 1787.

Monſieur, les dernieres nouvelles de Verſail-
les font te.lement déterminées à notre avantage,
que le nouveau Miniſtre s'eſt expliqué, au nom
de S. M., plus énergiquement que n'a jamais
fait le Comte de Vergennes. S. M. pénetre
l'urgente néceſſité pour le rétabliſſement de notre
paix intérieure, & comme elle ſe déclare, après
la conduite inconcevable du Prince Stathouder,
de prendre la cauſe des patriotes à cœur comme
la ſienne, nous avons lieu de nous flatter que
de telles diſpoſitions influeront ſur la Cour de
Berlin pour que le beau-frere du Roi de Pruſſe
revienne ſur ſes pas. Vous ſaurez peut-être,
Monſieur, que le dernier Monarque a réitéré à
S. M. très chrétienne les aſſurances les plus po-
ſitives de ne pas ſe mêler de nos affaires inté-
rieures ; auſſi peut-on remarquer que la Maiſon
de Naſſau ne fonde pas ſon eſpoir ſur cette pré-
tendue aſſiſtance ; ſes partiſans ſe flattent d'o-
pérer une révolution à leur avantage, en incitant
la plus vile populace: les papiers publics vous
auront appris ce qui vient d'arriver en Nord-
hollande, on y a pourvu efficacement ; auſſi,

ces menées ne tendront jamais à effectuer quelque chose de conséquent. On appréhende plus les scissions encore existantes entre les Membres du Gouvernement, que le parti adverse fait nourrir merveilleusement. Les vues des Régens ambitieux qui ne verront jamais de bon œil, l'établissement constitutionnel d'une influence nationale dans les magistratures, effectuent sans cesse qu'on avance si peu dans la réforme à faire ; mais comme la nation est fermement résolue de pousser sa juste cause, je me tiens assuré qu'elle réussira à opérer une indépendance décidée.

On savoit ici que le Comte de Hertzberg ne possédoit plus l'entiere confiance du Roi présent ; on n'ignoroit pas que le Comte de Brühl étoit à la tête de l'éducation des Princes fils du Roi de Prusse. On croit connoître les motifs de ce choix ; on prétend que Frédéric Guillaume auroit eu des vues sur l'Electorat de Mayence pour un de ses fils ; il y en a qui assurent que ce projet est déjà tombé.

Je me méfie toujours avec vous, Monsieur, de la sinuosité des marches de Joseph II. Le Comte de Belgiojoso de retour aux Pays-Bas a des ordres de son maître de ne lacher en rien dans l'affaire du Zvin, ainsi une pomme de discorde restera toujours suspendue. A juger des informations de Vienne, on diroit que le départ de l'Empereur pour Cherson est décidé ; nonobstant, Monsieur, je crois avec vous qu'il se prépare en Allemagne de grands événemens qui, par leur nature, influeront sur l'Europe entiere, mais pour supposer une combinaison d'intérêt entre les Cours de Vienne & de Berlin, cela me

paroît presqu'impossible; j'avoue que nous avons
vu arriver dans le siecle présent des événemens
que les plus clairvoyans politiques considéroient
comme chimériques ; quoi qu'il en soit , il nous
importe surement de percer ce mystere. Les in-
trigues de Versailles sont habituées à y réussir,
elles le dévoileront à tems.

Je crois qu'il est possible que la déduction que
le Duc Louis de Brunswick a fait faire par le
fameux Professeur Schlœzer, peut faire sensation
en Allemagne où on n'est pas instruit de l'affaire; mais si on supposoit qu'elle le feroit ici,
les partisans dudit Duc auroient eu soin d'en
divulguer des traductions, qui au moins jusqu'à
présent ne paroissent pas.

Vous aurez remarqué depuis longtems que le
parti stathudérien emploie le Rédacteur du
Courier du Bas-Rhin à Cleves, pour déchirer, décrier le parti patriotique avec une impu-
dence scandaleuse: en dernier lieu, en marchant
sur les traces de quelques mauvais écrivains attachés à la Maison de Nassau, il vient d'insérer
dans ses Feuilles un acte de confédération entre
les Régens patriotes ; cette piece forgée pour
faire paroître des vues que nous n'avons jamais
eues, est entierement inventée, & comme elle doit
encore faire sensation chez l'étranger , vû les
assertions que ledit Rédacteur ose faire pour son
authenticité , je prens la liberté, Monsieur, de
vous prier d'assurer, l'occasion se présentant,
que cette piece est tout à fait fausse; que ce même
Rédacteur a produit dans une de ses Feuilles,
au mois d'Août dernier, le véritable acte, dont
nous nous faisons honneur & gloire.

Au reste, Monsieur, je suis bien fâché, d'être obligé de vous dire que je me trouve dans l'impossibilité de satisfaire à vos demandes réitérées. J'ai voulu emprunter de l'argent vû les circonstances du jour, à Amsterdam, & j'ai échoué; nonobstant permettez-moi de vous assurer de la haute considération avec laquelle je ne cesserai d'être très parfaitement, &c.

LETTRE *A M. le B.* d**** *du 6 Avril* 1787.

„ Monsieur, je vous avois marqué dans ma derniere que j'avois prévenu votre désir, en prenant une voie sûre pour être instruit *de source* sur le motif du voyage que le Duc régnant de Brunswick avoit fait à Berlin, & spécialement pour pénétrer s'il avoit été réellement question de renouer par le canal de ce Duc une négociation avec votre République. Je suis parfaitement en état de vous assurer, Monsieur, que non seulement il n'y a rien eu de proposé à ce sujet par le Roi, mais que quand même les Cours en feroient la proposition, le Duc s'y refuseroit très certainement. Tout ce que j'ai pu pénétrer de plus, c'est que les conférences ont roulé sur de grands intérêts communs de famille, & qu'il avoit été question aussi à ce qu'on croit, entr'autres objets, de l'affaire de la coadjutorerie de Mayence qui a échoué par la promptitude avec laquelle

I 3

la nobleſſe capitulaire a cru devoir s'aſſurer de l'élection du Baron de d'*Alberg* :
on travaille actuellement ſur les mêmes
principes à Worms, & on a, je crois, également commencé à prendre auſſi des précautions du même genre à Hildesheim &
même à Conſtance. Vous concevez, Monſieur, par les gens avec leſquels vous n'i-
gnorez pas que je ſuis en quelque liaiſon,
que je puis avoir ſur ces objets des notions
aſſez ſûres. „

, „ Je déſire ardemment que la tranquillité où vous me paroiſſez être ſur les intentions réelles du beau-frere ſoient bien
motivées, & que les nouvelles aſſurances
que la Cour de Berlin a données à celle
de Verſailles de ne ſe point mêler dans
vos troubles intérieurs, ſoient un peu plus
réelles que le concert des négociations
ſuivies par M. le Comte de *Goertz* & M.
de *Rayneval* ; je vous avoue cependant que
l'augmentation de deux régimens dans le
pays de Cleves, & l'ordre donné pour
préparer un camp à Lipſtadt, joint à ce que
j'ai eu l'honneur de vous marquer, cet
hiver, des préparatifs faits à Hervorden
& dans le Comté de Bilefeld, me paroî-
troient de nature à donner quelqu'inquiétude ſur ces aſſurances de tranquillité. Je
n'ignore point qu'on ne puiſſe interpréter
ces préparatifs relativement à l'affaire du
Comté de Schaumbourg ; mais les perſonnes inſtruites de l'influence impoſante du
Roi de Pruſſe en Weſtphalie, ſentiront

que ce Prince n'a befoin que de faire connoître & non pas d'appuyer par la force,
fa volonté pour déterminer la déférence
refpectueufe du Landgrave ; ce que je vous
marque, Monfieur, du camp prochain de
Lippftadt, je le tiens de la bouche d'un
officier principal de l'armée palatine qui a
déjà demandé & obtenu de fa-Cour la permiffion d'y aller ; cet officier a été averti
lui - même par un de fes freres colonel
pruffien dont le régiment doit être de ce
campement. Je puis encore vous certifier,
Monfieur, que les quatre Corps francs de
1800 hom. chacun, dont le Roi de Pruffe
a ordonné la levée, ainfi que je vous l'ai
annoncé, font actuellement complets à
950 près. Pourquoi cette augmentation de
7200 hommes dans une armée déjà auffi
nombreufe ? Le tems feul nous l'appren-
dra. „

„ Encore une nouvelle, Monfieur, qui
peut être de quelque importance par celle
du perfonnage ; c'eft l'arrivée prochaine
du Prince *Henry* de Pruffe, oncle du Roi,
à Francfort fur le Mein. Eft-ce mécontenc-
tement de la part de ce Prince, eft-ce un
emploi de confiance de la part du Roi fon
neveu ? c'eft ce que je ne fais point encore, mais on croit qu'il s'arrêtera en paf-
fant à Weymar, & vous vous rappellez
fans doute, Monfieur, que je vous ai dit
que le Duc régnant de ce nom avoit fait
un voyage pour un objet important, (j'ai
fu depuis que de Carlsrühe il avoit ren-

voyé tous ſes domeſtiques à l'exception
d'un ſeul) & depuis il a gardé le plus
grand ſecret ſur les lieux où il s'étoit
rendu , & ſur ce qu'il y avoit fait. Mes
ſoupçons continuent à porter ſur l'Angleterre, & il ſuffit que votre ancien Feld-
Maréchal, le Duc *Louis*, ſe ſoit retiré dans
les Etats de ce Prince, pour qu'il ſoit de
quelqu'intérêt de pénétrer ſurement le
motif réel d'une démarche auſſi myſté-
rieuſe, car je vous répete que je ſuis ſûr
du myſtere.„

„ Ce que vous me faites l'honneur de
me marquer , Monſieur , des ordres dont
Joſeph II a chargé le Comte *Belgiojoſo* , ne
m'a point ſurpris ; vous ſavez que je n'ai
jamais cru à tout ce qui a été dit chez
vous & à Verſailles du prétendu mécontentement de l'Empereur contre ce miniſtre. Je ſouhaite de tout mon cœur m'ê-
tre trompé ſur les conſéquences , mais
vous les avez trop ſenties vous-même,
Monſieur, dans le tems de la funeſte ceſſion de Lillo & de ſes écluſes , & vous
êtes trop pénétrant ſur l'uſage qu'on peut
faire du nouveau fort de *Hazen-Gras* ,
*correſpondance très dangereuſe de ce même Lillo ſi
imprudemment abandonné.* pour ne pas juger
tout ce qui pourra réſulter de la belle convention de Fontainebleau , ſi vous vous
trouviez malheureuſement une fois aſſez
ſérieuſement occupé dans vos provinces
à reglement, pour n'être pas en meſure
de défendre votre Brabant hollandois. „

J'ai l'honneur d'être, &c.

Du 2 octobre 1787.

„ On écrivoit dans le Mémoire du 12 Septembre 1786 (*) la phrase suivante : *C'est ainsi qu'une étincelle tombée du flambeau que la discorde agite dans les Provinces qui ne font plus unies que de nom, peut porter le feu dans les deux mondes.* „

„ La note officielle que la Cour de Londres vient de faire remettre par le Lord *Torrington* au Gouvernement de Bruxelles, vérifie trop évidemment aujourd'hui la *possibilité* de l'événement qu'on avoit prévu, il y a treize mois, pour ne pas donner au spéculateur de bonne foi les plus justes allarmes fur la réalité prochaine de *l'événement même.* Cette note est en effet si instamment comminatoire qu'on a bien de la peine à la distinguer d'une déclaration formelle de guerre. *La France ayant notifié sa résolution d'aider de ses forces &c.* & *l'Angleterre ne pouvant tolérer &c.* on ne voit pas trop qu'il puisse y avoir de terme moyen entre deux assertions solemnelles si diamétralement opposées : Et c'est dans le moment que vingt mille Prussiens dans l'intérieur de la Hollande, dictent la loi à main armée au parti en faveur duquel la France a *notifié sa résolution,* que la Cour de Londres lui interdit toute démonstration auxiliaire, qu'elle déclare ne pou-

----

(*) Page 25 de cette collection.

voir la *tolérer* & qu'elle ne diffimule plus l'intention où elle eft de s'en autorifer pour paffer de la menace à l'effet. On ne connoît qu'une façon de répondre à une déclaration auffi impérieufe, & c'eft cette réponfe qui décidera de la juftefie du calcul qu'on avoit fait fur les effets poffibles de l'étincelle pour produire le grand embrafement dont on croyoit qu'elle pourroit être la caufe. „

„ L'intérêt commun qu'avoient les deux Maifons royales de Pruffe & d'Angleterre à la confervation de l'intégrité des droits ftathoudériens, avoit été déduit dans le même Mémoire du 12 Septembre 1786, & l'état actuel des chofes ne permet plus de douter de la certitude des bafes fur lefquelles s'appuyoit cette prévoyance ; les motifs non moins ftimulans pour aiguilloner l'activité de l'Angleterre même, & la déterminer à tirer parti de la conjoncture, ont été également expofés dans le même Mémoire, & au ton que prend le Cabinet de Saint-James dans la déclaration remife par le Lord *Torrington*, lorfqu'il eft queftion furtout d'*un grand armement naval*, les vues & l'intention de la Cour de Londres feroient parfaitement à découvert, quand on ne verroit pas d'ailleurs autant de preuves réunies des difpofitions hoftiles de cette couronne, fur terre comme fur mer. „

„ Malgré les *nouvelles inftructions convenables* envoyées par S. M. Britannique à fon

miniftre à Paris, la lecture feule de la déclaration (pour peu qu'elle foit réfléchie)
écarte de la part du miniftere britannique
non feulement l'efpoir, mais même le défir
d'éloigner le fléau de la guerre , par le
maintien d'une paix dont la bienfaifance
du Roi voudroit conferver les douceurs
& les avantages à fes peuples & à l'Europe (*). L'époque à laquelle la Cour de
Londres s'eft réfervée de faire paroître fa
déclaration (& c'eft le texte même dont
elle part pour la faire), eft celle où *par les
circonftances récentes, la fituation des Provinces-
Unies eft devenue plus critique*; ces circonftances récentes font l'entrée d'une armée
pruffienne commandée par M. le Duc de
Brunfwick, qui occafionne effectivement
une crife plus qu'allarmante au parti en
faveur duquel la France a *notifié fes réfolu-*

(*) Celui qui écrit cette réflexion a été à portée de
reconnoitre & d'admirer de trop près (*) combien ces
fentimens de bienfaifance & d'amour de l'humanité font
profonds dans l'ame de S. M. Britannique, pour chercher
à les obfcurcir par un doute ; il leur renouvelle au contraire l'hommage fincere de fa refpectueufe vénération,
mais il a été en même temps dans le cas de juger que
ces mêmes fentimens perfonnels étoient ce qu'ils doivent
être dans le cœur d'un grand fouverain, chef d'une grande
nation, fiere de fa force & jaloufe de fon influence, conféquemment fubordonnés à la confidération majeure de
l'intérêt d'Etat. Droit, bon, fimple même, comme
homme, *Georges* III n'en eft que plus grand, quand il eft
Roi.

(*) Il fut chargé en 1774, d'une négociation particuliere
à la cour de Londres, pendant le miniftere du lord *Rochefort.*

tions. C'eſt dans ces circonſtances que pour mettre dans le jour le plus évident l'uniformité de la marche & des vues des deux Rois, & l'intérêt qu'elle prend elle-même au ſuccès de leurs vues, l'Angleterre veut enchaîner par ſa déclaration le bras de la Puiſſance alliée, & qu'elle articule le déſir des arrangemens *amiables & juſtes*; comme ſi la voie & la raiſon de l'équité pouvoient encore ſe faire entendre, quand la raiſon du plus fort, cette raiſon qui eſt la derniere des Rois, a déjà décidé proviſoirement avec autant d'énergie tous les points poſſibles de diſcuſſion. „

„ On avoit obſervé dans le Mémoire du 12 Septembre 1786 (*), *que c'étoit aux ſept Provinces-Unies que la France s'étoit engagée, & que ces ſept Provinces n'ayant plus le même vœu, il pourroit être embarraſſant pour un miniſtere circonſpeɔt de réſoudre cette difficulté.* Le miniſtere attentif de la Cour de Londres ſaiſit la même obſervation & s'en fait un argument pour prononcer ſur *l'inſuffiſance* des droits & des obligations de la France en vertu de ſon alliance, *la majorité des Etats-Généraux* s'étant oppoſée au vœu patriotique de la minorité. Quel eſt le véritable objet du Cabinet de Saint-James dans cette obſervation ? d'abord, d'infirmer les droits & les obligations que la France a notifiés, & enſuite d'aller juſ-

____

(*) Page 20 de cette collection.

qu'à attaquer le Traité même sur lequel portent les obligations respectives, ce Traité qui a le plus sensiblement piqué sa jalousie; finir par faire abroger cette alliance, & en annuller dès ce moment même tout l'effet en la faisant envisager comme la cause principale des dissensions *qui ont empiré l'état de la République.* „

„ On se demande pourquoi cette note menaçante est remise avant tout au Gouvernement de Bruxelles ? il est possible que ce soit à raison de proximité, mais il est possible aussi que ce soit principalement pour donner au ministere autrichien un titre dont il puisse s'autoriser pour interdire toute liberté de passage aux troupes françoises : cette précaution seroit-elle concertée avec la Cour de Vienne ? On ne se permet pas encore de prononcer, mais on croiroit cependant trouver la solution du problême, en rapprochant cette question de celles qu'on s'est déjà faites plusieurs fois sur l'armement simultané & collectif des différentes Puissances du Corps germanique, de ce Corps dont les efforts & les moyens se font si respectivement opposés & balancés depuis la paix de Westphalie, & qui paroissent aujourd'hui s'être réunis pour un objet commun à l'instigation & aux frais de l'Angleterre. „

„ Quand on articule dans la déclaration remise par le Lord *Torrington*, que l'intérêt des Etats de S. M. Britannique est la

mefure de fes difpofitions hoftiles, l'intention de la note eft vraifemblablement de
détourner l'idée fur les Etats Electoraux
de ce Prince, mais dans la fituation connue & actuelle de la France, la fuper-
fluité des mefures de défenfe à prendre
auffi difpendieufement contre elle, eft
trop évidente pour que ces mefures prifes
n'annoncent pas elles-mêmes un plan réfléchi d'aggreffion. „

„ Le véritable intérêt d'Etat qu'on en-
tend réellement à Londres, eft celui qu'a
cette même Cour à renouer fes anciennes
liaifons avec la République, & c'eft pour
ce même intérêt d'Etat qu'on annonce
que S. M. Britannique fe croira forcée
de faire la guerre. Mais l'intérêt de la
France eft évidemment auffi de foutenir
l'alliance qu'elle n'a contractée que parce
qu'elle l'a jugée intéreffante à fa profpérité
& à fa gloire : Qui rapprochera ces deux
intérêts ? il paroît que le Cabinet de Saint-
James n'a pas attendu jufqu'à ce moment-
ci à fe décider fur le parti qu'il lui convenoit de prendre pour trancher la difficulté,
& quand il annonce qu'il va fe préparer,
on ne doute pas que ce ne foit annoncer
que fes préparatifs font déjà faits. L'époque du retour des vaiffeaux de l'Inde &
les facilités qu'on en efpéroit à Londres
pour former & completter de leurs équipages ceux de la marine royale, étoient
vraifemblablement tout ce qui reftoit à
attendre pour mettre la derniere main à

ces préparatifs ; cette observation explique allez naturellement l'alternative des diſſonances tantôt pacifiques & tantôt guerrieres ſur laquelle le ton des négociations s'eſt ſoutenu depuis quelques mois. „

„ Il y auroit encore une réflexion à faire & aſſez intéreſſante ſur une expreſſion de la déclaration remiſe par le Lord *Torrington*, c'eſt celle du danger que peut courir, dit-on, *l'indépendance* des Provinces-Unies dans le cas de l'interpoſition de la France ; il eſt évident au contraire que ſi le vœu de la France l'emportoit, cette même indépendance feroit parfaitement aſſurée, puiſque tout ce que la France a fait n'a eu d'autre objet, n'en a pu avoir d'autre, que de concourir avec le parti patriotique à ſe rapprocher de l'indépendance conſtitutionelle primitive de la République. C'eſt au tems à éclaircir ſi c'eſt ſur les mêmes principes que la Pruſſe s'eſt interpoſée.

On croiroit ſuperflu de diſcuter dans la déclaration, l'allégation du refus de la ſatisfaction demandée par S. M. Pruſſienne pour ſon Alteſſe royale Madame la princeſſe d'Orange ; la lettre du 6 mai (*) ne peut pas laiſſer l'ombre du doute ſur l'antériorité du motif réel de l'armement, ſur le motif apparent qui eſt allégué dans le Manifeſte ; ce motif réel eſt le même qui doit réſulter de la *criſe préſente des circonſtan-*

(*) Page 18.

ces récentes, & on perſiſte à craindre qu'indépendamment de l'interpoſition de la France,
il n'intéreſſe effectivement l'indépendance
de l'intégrité des Provinces-Unies. ,,

,, Il réſulte de cet examen ſur la déclaration britannique, que l'intérêt perſonel des
deux Rois & l'intérêt de l'Angleterre réunis pour l'entiere réintégration du Prince
ſtathouder dans tous ſes droits aux termes
de la révolution de 1747, ſont cependant
différens dans les réſultats que les uns &
les autres s'en promettent, que la vengeance & la jalouſie de l'Angleterre vont
fort au delà de cette même réintégration,
& que cette puiſſance ne s'eſt déterminée
à profiter des circonſtances pour ſe livrer
à l'impulſion de ces deux ſentimens, en en-
tamant une nouvelle guerre, qu'après s'ê-
tre aſſurée par l'alliance (au moins du Roi
de Pruſſe ſans parler des autres) que ſa
rivale feroit trop eſſentiellement occupée
ſur terre, pour qu'elle ne ſe vît pas obligée
de diminuer de ce qu'elle auroit à faire
ſur l'autre élément; que les conjonctures
fâcheuſes dans leſquelle la France ſe trouve
depuis quelques mois, ont vraiſemblablement accéléré les réſolutions du Cabinet
de Saint-James, & enfin qu'il eſt encore
très vraiſemblable qu'avec la parfaite connoiſſance qu'on a à Londres du perſonel
des gens en place à Paris, les idées que ſe
forme un miniſtere obſervateur, des talens
& des reſſources du génie réparateur qui
ſe trouve aujourd'hui à la tête des affaires
du

du Gouvernement , ne précipite l'exécution de ces mêmes résolutions , dans la
crainte de manquer le fruit qu'on en es-
pere, si on lui laisse le tems de fixer ses
moyens, & qu'on n'obstrue pas sa marche
par de nouveaux embarras & de nouvelles dépenses.

On ne croit pas beaucoup hasarder après
ces différentes considérations , d'en conclure que la guerre est décidée à Londres,
& qu'elle est d'autant plus indispensable
en France, que telle déférence qu'on y
pût mettre, sacrifia-t-on par impossible,
tout intérêt de gloire & d'éclat au dehors
à l'intérêt pressant de l'intérieur ; on est
encore convaincu qu'un Roi magnanime &
une nation généreuse , même en faisant un
sacrifice aussi douloureux , manqueroient
leur objet.

Du 5 Octobre 1787.

„Le voile politique qui couvroit le grand
tableau d'explosion générale , déjà levé aux
deux extrémités par la résolution subite
du Divan & par l'entrée d'une armée prussienne sur les terres de la République ,
vient encore de se déchirer avec éclat au
Nord par la déclaration de guerre que la
Suede vient de faire à la Russie (*) ; soit
que cette résolution ait été prise à Stock-

(*) On ne cite cette nouvelle que sur la foi des papiers
publics , & on n'en a point d'autre certitude.

K

holm en vengeance des infpirations qu'on
accule le cabinet de Pétersbourg d'y avoir
foufflées, pour opérer une nouvelle révolution en faveur de l'ancienne conftitution;
foit qu'on y ait cru devoir prendre ce parti
par une fuite des engagemens contractés
par la Suede immédiatement après la figna-
ture du traité de Belgrade; par la contre-
déclaration que M. de *Villeneuve*, ambaffadeur de France, engagea le miniftre fuédois
à oppofer à celle par laquelle les deux plé-
nipotentiaires avoient formellement déclaré à la Porte qu'en cas de nouvelles hoftilités foit offenfives foit défenfives de l'une
d'elles, le Divan pourroit du moment même
tenir l'autre pour ennemie, les deux cours
Impériales regardant leurs intérêts à fon
égard, comme perpétuellement indivifibles;
foit que ces deux motifs réunis, (& furtout
appuyés d'ailleurs) aient déterminé *Guftave
III* à entrer dans une carriere où fes prédéceffeurs lui ont tracé une route auffi glo-
rieufe; il eft certain que cette levée de bouclier de la Suede contre la Ruffie, dans les
circonftances préfentes, paroit exiger que
cette diverfion inquiétante pour *Catherine II*
& qui pourroit être fi préjudiciable aux fuccès de fes grandes vues fur le rétabliffement de l'empire d'Orient, foit balancée par
la cour de Copenhague, dont il eft très
préfumable que la réfolution ne fera pas
longtems à fe faire attendre, à en juger par
la nature de fes liaifons avec les cours de
Pétersbourg & de Londres. C'eft vraifem-

blablement encore la premiere partie du même voile que le tems nous levera. „

„ En revenant au centre de l'Allemagne, nous voyons dans cet inftant même, qu'en conféquence d'un traité figné à Caffel le premier par le Général *Faucit*, & expédié le 2 à Londres, 12,000 Heffois paffés à la folde de la Grande-Bretagne, & qui doivent être commandés par le Landgrave en perfonne, fe mettent en marche pour fe réunir à quatorze mille Hanovriens & à fix mille Brunfvickois; c'eft aujourd'hui 5 que la garnifon de Hanau en fort pour fe concentrer au refte du corps heffois. „

„ Indépendamment des pieces de gros canon qui ont été tranfportées de la citadelle d'Anvers aux forts de Lillo & de Liefkenfoeck, on a fait un autre tranfport encore plus confidérable de Malines à Oftende. Lorfque l'efprit de fermentation qui agitoit les têtes Belgiques, eft auffi heureufement calmé par l'indulgence paternelle qui a fuccédé dans le cœur du monarque aux fymptômes apparens d'indignation, & qu'il n'y a plus à en impofer au dedans par un appareil formidable, cette nouvelle diftribution de moyens violens n'annonceroit-elle pas un projet formé de s'en fervir au dehors pour affurer à ces mêmes fujets un nouveau bienfait auquel ils afpirent depuis longtems, & dont la reconnoiffance effaceroit par fa vivacité jufqu'au fouvenir des allarmes qui avoient caufé leurs erreurs ? „

„ Cette réflexion qui fe rapproche des vues

K 2

que S. M. Impériale a fi notoirement décla-
rées en 1784 & des difficultés plus récentes
à l'occafion du fort de Hazen-graz fur l'ufage
d'une partie des eaux de la bouche du Zwin,
prépare peut-être à la République une reprife de négociations plus décifivement favorable au commerce des autrichiens, fur
les mêmes bafes qui avoient été conjectu-
ralement indiquées dans le mémoire du 20
avril 1781, communiqué à M. l'ambaffadeur
extraordinaire de LL. HH. Puiffances le
28 novembre 1784, (page 149.) „

„ Si ce qu'on lit dans quelques feuilles
publiques de la négociation déjà avancée,
dit-on, d'un mariage entre l'archiduc *Jofeph*
de Tofcane, neveu de l'empereur & la princeffe *Frédérique-Louife-Wilhelmine* fille de S.
M. Pruffienne étoit fondé ; en voyant ainfi
fe confirmer par l'événement, fix mois
après, ce qui avoit été annoncé dans une
lettre du 2 mars dernier, fur la finuofité
poffible de la marche d'un Prince auffi habile que *Jofeph II* & fur les fuites conjecturales d'un concert (ne fût-il que momentané) dont les réfultats pouvoient être
auffi dangereux pour la France elle-même,
comment à l'afpect de cette union menaçante de maffes dont le contrepoids étoit
ainfi qu'on l'écrivoit, (*) l'égide de la tranquillité publique, ne pas entendre le fignal
d'allarmes ?

(*) Pages 18 & 19.

MEMOIRE

A M. l'Ambaſſadeur extraordinaire de Leurs Hautes Puiſſances, à Paris le 28 Novembre 1784.

Dans un Mémoire remis à M. le Comte de *Maurepas*, au mois d'Avril 1781, l'auteur après avoir ſuivi & rapproché ſous un ſeul point de vue toutes les démarches de l'Empereur depuis la paix de Teſchen, les rapportoit toutes à l'objet capital pour ce Prince d'affranchir les eaux de l'Eſcaut, pour rendre à ſon port d'Anvers ſon ancienne célébrité, en faire avec le tems l'entrepôt du commerce des deux Indes, s'y former une marine, & avec cette augmentation de richeſſes & de moyens ſe mettre en état de revenir ſucceſſivement contre toutes les ceſſions que ſa Maiſon avoit été obligée de faire dans différentes circonſtances.

On obſervoit d'abord l'eſpece de révolution qui s'eſt faite depuis la paix d'Utrecht dans tous les cabinets de l'Europe, où l'intérêt de commerce a tellement prévalu ſur toute autre conſidération politique, qu'il ſemble être univerſellement devenu aujourd'hui non ſeulement le premier mais peut-être le ſeul intérêt d'Etat; au point que l'on a vu ſans étonnement, par

K 3

une fuite de cette fureur mercantile, des Princes qui n'avoient dans leurs pays ni manufactures, ni ports, ni vaiffeaux, fe faire un objet de commerce & d'exportation maritime de leurs propres fujets.

On faifoit remarquer que ce n'étoit qu'en raifon de ce même intérêt de commerce que l'Angleterre avoit indifpofé fes colonies feptentrionales & occafionné l'infurgence de ces mêmes colonies contre leur métropóle.

Que c'étoit ce même intérêt qui avoit infpiré à *Catherine II* fon projet de neutralité armée, & qu'enfin c'étoit encore principalement pour ce même intérêt & pour faire tourner toutes ces circonftances à l'exécution de fon plan, que l'Empereur avoit entrepris le voyage fingulier que ce Prince venoit de faire à Pétersbourg.

Milord *Stormont* étoit alors dans le miniftere britannique, & l'auteur du Mémoire rappelloit que pendant l'ambaffade de ce Lord à la Cour de Vienne, *Jofeph II* l'avoit conftamment honoré d'une amitié & d'une confiance particuliere ; en appuyant fur cette indication, il fe croyoit fondé à en conclure que c'étoit d'après un plan concerté confidemment entre l'Empereur & le miniftere anglois, que ce Prince avoit entrepris le voyage de Ruffie ; que la réciprocité de fervices entre les Cours de Vienne & de Londres avoit été arrangée fur le plan que les deux Cours Impériales, comme les deux principales Puiffances de l'armement neutre s'établiroient à la fin comme médiatrices également armées de la paix, & qu'elles la prefcriroient alors fous les conditions les plus avantageufes à l'Angleterre, avec menace en cas de refus de la France, de la forcer de fe foumettre à ces conditions.

Qu'en retour d'un fervice auffi fignalé, l'Angleterre, revenant de fes anciennes oppofitions à l'établiffement de la Compagnie d'Oftende, facrifieroit la République fon ancienne alliée à la Cour de Vienne, & que le rétabliffement du port d'Anvers avec une pleine & entiere communication avec la mer, feroit le prix de tous les avantages que la médiation efficace de *Jofeph II* auroit procurés à l'Angleterre.

On préfumoit que les préférences que le miniftere autrichien accorderoit au pavillon anglois dans ce même port d'Anvers, feroient de nature à compenfer avantageufement pour la Cour de Londres la concurrence de la nation flamande, & pourroient même porter l'Angleterre jufqu'à céder à l'Empereur quelqu'un de fes comptoirs dans l'Inde, pour en faire le dépôt du commerce autrichien dans cette région.

Les Etats-Généraux des Provinces-Unies venoient d'accéder au Traité de neutralité armée, & leur pavillon fe trouvoit conféquemment dans le cas de profiter des avantages folemnellement annoncés par la Déclaration de *Catherine II*, dans le cas d'infulte & de léfion de la part de l'une, ou l'autre des Puiffances qui étoient alors en guerre.

Pour remplir l'objet effentiel de la négociation confidemment concertée entre l'Empereur & le Lord *Stormont*, il falloit que ce Prince ménageât les chofes de façon à Pétersbourg, que *Catherine* oubliant fes engagemens publics, abandonnât la République à la vengeance de la Cour de Londres, & regardât d'un œil indifférent l'infulte que les vaiffeaux anglois feroient à la confédération des Neutres, en attaquant, comme ils firent alors, les navires & les poffeffions mêmes de la République. L'Empereur devoit être d'autant plus difpofé à fervir l'Angleterre dans ce projet, que non feulement, par cette levée injufte de bouclier, il voyoit tous les liens de l'ancienne amitié rompus entre les deux Puiffances maritimes, mais qu'il pouvoit de plus prévoir facilement que la République, victime à la fin de cette guerre, auroit d'autant moins de moyens à lui oppofer lorfqu'il exigeroit d'elle une rénonciation abfolue à la fouveraineté exclufive fur les eaux du bas Efcaut, telle qu'elle lui a été cédée & confirmée par les Traités les plus folemnels depuis, & inclufivement celui d'Ofnabruck.

Pour déterminer *Catherine II* à paffer par deffus ce qu'elle avoit auffi authentiquement déclaré à la face de l'Europe, en faveur des Puiffances accédantes à fon

Traité de neutralité, l'Empereur devoit
flatter la grandeur de cette Princesse par
les idées séduisantes & romanesques du
rétabliffement de l'Empire d'Orient, & ne
lui faire regarder fon voyage auprès d'elle
que comme un défir ardent d'admirer de
plus près fes hautes qualités, & de concerter confidemment avec elle une union
mutuelle de vues, de forces & de moyens
pour chaffer entierement le Turc de l'Europe.

L'auteur du Mémoire obfervoit l'efpece
d'atteinte que *Jofeph II* avoit déjà donnée
à cette époque au Traité de barrieres, en
refufant le ferment d'ufage que les Gou-
verneurs hollandois devoient faire entre
fes mains à fon avénement à la Régence;
il prévoyoit & annonçoit que bientôt l'Empereur demanderoit formellement l'évacuation de ces mêmes places, & vraifemblablement en ordonneroit la démolition,
pour ne rien laiffer entre les hollandois &
lui qui gênât l'activité d'une armée qui
auroit à agir contre eux pour recouvrer
d'abord les places du Brabant hollandois.
enfuite Fleffingue & la Zélande, fauf à
étendre dans l'avenir ces prétentions fur
le refte des poffeffions républicaines, en
rappellant d'anciens droits qui, tels annu-
lés qu'ils fuffent par les Traités, paroî-
troient encore plus fondés à toute l'Europe, que ceux qui avoient été récemment
rappellés en Pologne fur la Lodomerie &
la Gallicie.

L'indifférence avec laquelle l'Impératrice de Ruſſie vit peu de tems après l'Angleterre déclarer la guerre à la Hollande, parut prouver ſuffiſamment dans le tems la juſteſſe de l'opinion qu'avoit eue l'auteur du Mémoire ſur l'objet caché de la négociation de l'Empereur à Saint-Pétersbourg; le concert avec lequel les deux Cours impériales ont agi depuis cette époque avec le Divan, a également juſtifié les conjectures expoſées dans le Mémoire ſur cet objet, & il eſt au moins vraiſemblable que ſans la révolution arrivée ſubitement dans le miniſtere britannique, & la paix précipitée qui en a été la ſuite par les motifs particuliers qui ont déterminé les Puiſſances belligérantes à en rédiger les articles entr'elles, ſans donner le tems aux Puiſſances médiatrices d'en dicter les conditions, le reſte des conjectures auroit pu être également confirmé par l'événement, & que l'Empereur auroit pu recevoir dès lors, pour prix de ſa médiation, la conceſſion de ce même Brabant hollandois qu'il ſe propoſe d'arracher aujourd'hui à la République.

Ce qui s'eſt paſſé depuis l'invaſion du fort Saint-Donat juſqu'à *l'ultimatum* de l'Empereur, & à la tentative faite par ſes ordres pour conſtater ſon prétendu droit de remonter & de deſcendre le fleuve, malgré la ſouveraineté réſervée à la République ſur les trois embouchures du Hondt, ne peut plus laiſſer ſubſiſter de doute aujourd'hui sur la réalité des vues qu'avoit depuis longtems ce Monarque, & a complettement confirmé ce qui avoit été avancé dans ce mémoire, de certains engagemens pris par le Comte de *Belgio-jojo* avec un Veronnais qu'il avoit indiqué comme l'homme le plus capable de rendre à peu de frais l'Escaut à sa profondeur naturelle, en le dégageant des différentes masses dont on avoit obstrué son fond aux différens points indiqués & protégés par les forts que la République y avoit fait construire.

De cet exposé conjectural du concert confident que l'auteur du Mémoire suppofoit établi entre les Cours de Vienne & de Londres, il paffoit aux moyens les plus efficaces pour en prévenir l'exécution, dont il envifageoit les fuites comme auffi pernicieufes à la France qu'à la République même. Le moyen qu'il propofoit étoit la formation d'une armée de cinquante mille hommes combinée des deux nations, pour être tranfportée au fein même de l'Angleterre, à l'embouchure de l'Humbert, s'y rendre maître de Bofton, s'y fortifier, s'en faire une place d'armes, un port de communication avec ceux de la République, & enfin le dépôt général de toutes les munitions & apparaux de guerre; c'est de là qu'il propofoit de marcher droit à Londres, pour y dicter à l'Angleterre une paix armée, qui en la privant des fecours & de l'influence de fes alliés futurs auroit en même tems privé l'Empereur de la réciprocité des avantages dont il se flattoit que la cour de Londres payeroit aux dépens de la République les bons offices de sa médiation.

Il paroît qu'il eût été facile à cette époque, de prévenir un événement dont les suites peuvent être si meurtrieres pour l'Europe & dont le début paroît si menaçant pour la République : Il ne s'agissoit peut-être alors que de rappeler l'Empereur à la scrupuleuse exactitude qu'exigeoit de lui la sainteté des traités, en lui déclarant qu'on ne pouvoit pas être indifférent à la plus petite violation des articles convenus & réglés par celui de Barrieres ; mais on préféra d'applaudir & à l'évacuation & à la démolition par l'intérêt personel qu'on croyoit avoir à la destruction d'ouvrages qui avoient coûté tant de sang françois à prendre ou à défendre ; on ne prévit pas les suites qui pouvoient résulter de l'arbitraire, & on ne vit dans ces mêmes démolitions que le gage flatteur donné par l'Empereur d'une paix constante & perpétuelle.

C'est aujourd'hui de cette liberté en quelque façon déjà reconnue, que l'auteur du *Manifeste circulaire* cherche à faire un titre à *Joseph II.*

Le mémoire fut remis par M. de *Maurepas* à M. de *Vergennes* qui le lut, ne crut point au mal, & négligea le remede.

En considérant les circonstances actuelles avec le même esprit de combinaison qui

avoit conduit l'auteur du mémoire dont on
vient de donner le précis, jufqu'à percer,
(au moins en grande partie) l'objet réel & intérieur du voyage que l'Empereur avoit fait
à Pétersbourg, ne feroit-on pas dans le cas
d'en conclure, ou au moins de foupçonner,
que le fond des intérêts des cours de Vienne
& de Londres étant encore le même, l'exécution du plan (s'il a eu lieu) n'ayant manqué que par le changement arrivé dans le
miniftere & par la conclufion fubite de la
paix, ce même concert ne fe renouvellât
fourdement & ne ranimât entre la France
& l'Angleterre un feu que l'empereur lui-
même a nommé mal éteint : il faut fi peu
de chofe à Londres pour opérer une révolution miniftérielle, qu'il ne feroit pas étonnant que le Lord *Stormont* rentrant au
Confeil, n'en déterminât les réfolutions
conformément à fon ancien plan & à l'intérêt perfonel qu'il verroit à prendre & à
faire prendre ce parti, pour revenir par là
contre une paix faite également contre fon
goût & contre fes principes : Il feroit inutile de s'étendre fur l'importance dont il
eft pour la République, de furveiller & de
faire furveiller par fes alliés les difpofitions
intimes du cabinet de Saint-James ; le parti
que prendra ou pourra prendre la cour de
Londres, fpécialement contre Dunkerque,
étant d'une conféquence fi intéreffante à
la France, que cette confidération perfonnelle feroit un ftimulant, peut-être néceffaire, pour déterminer la vivacité & l'effica-

cacité des réfolutions du cabinet de Verfailles.

· D'un autre côté, tel que foit le fujet du ré-
froidiffement apparent entre les deux cours
impériales (*), il y a lieu de préfumer que
l'Impératrice de Ruffie ne verra pas de
bon œil l'Empereur tranfporter pour des
vues qui lui font abfolument perfonnelles
une grande partie des forces qu'elle croit
principalement deftinées à concourir au fuccès de leurs vues communes contre la
Porte : Il ne feroit peut-être pas difficile,
& il ne feroit pas indifférent de chercher
à élever des foupçons dans le cœur de cette
Princeffe fur la préférence que Jofeph II
donneroit à fes intérêts perfonels fur
ceux de fon alliance, & cela n'en feroit
que mieux, fi on pouvoit pouffer ce foupçon jufqu'à lui faire croire que l'Empereur n'a réellement cherché, en fe liant
avec elle , qu'à la rendre un inftrument
utile à l'exécution de projets totalement
étrangers aux vues dont il l'avoit flattée,
que, content d'être parvenu à rompre l'intimité de fes liaifons avec la Pruffe, il ne
l'avoit embarquée au point où elle étoit
vis à vis de la Porte, que pour lui laiffer
porter feule tout le poids de la guerre fur

(*) On ignoroit fi ce refroidiffement étoit réel, &
dans le cas qu'il le fût , on ignoroit également ce qui
pouvoit y avoir donné lieu ; mais on y croyoit généralement à cette époque. C'eft d'après cette opinion qu'on
faifoit l'infinuation dont on pouvoit faire utilement ufage.

la mer noire, pendant qu'il fuivroit lui fes projets particuliers fur celle d'Allemagne. Tel effet que produififfent dans l'efprit de *Catherine II* des infinuations de cette nature, quand elles ne feroient qu'obliger l'Empereur à laiffer un plus grand nombre de troupes fur fes frontieres de Hongrie, ce feroit toujours une diverfion utile à la république & à fes alliés fur la maffe des forces qu'il auroit à employer contr'eux.(*)

Au refte, tel que puiffe être l'emploi de ces indications politiques, c'eft aujour-d'hui principalement fur les opérations mi-litaires que doit porter une prévoyance qui prépare & affure prefque toujours les fuccès dans tous les genres ; cette pré-voyance néceffaire dans tous les plans de campagne, foit d'attaque foit de défenfe, eft d'autant plus importante dans le cas préfent, que la fomme des moyens d'oppo-fition ne dépend pas entierement de la république, & qu'il pourroit être cruel pour elle que quelque retard de la part des alliés intereffés à la foutenir, occafionné par des circonftances imprévues(***), ne la ren-

____

(*) Qu'on rapproche ce réfultat d'une combinaifon faite en 1781 de celui que vient de produire la réfolution fubite du Divan, rela ivement a la marc e déjà fi avan-cée de l'armée autrichienne qui étoit deftinée pour les Pays-Bas.

(**) L'auteur de ce Mémoire étoit certainement bien loin d'imagi ier à l ép que de 1781, que, fix ans après, les obftacles qui pourroient croifer les intentions magna-

dît dans les premiers momens de la guerre, victime de sa modération actuelle, au point de ne lui laisser, même après des succès ultérieurs, que de grandes pertes à réparer & le regret de ne les avoir pas prévenues lorsqu'elle le pouvoit.

On ne peut se dissimuler que dans le cours ordinaire des événemens, si la république reste abandonnée à elle même pendant tout l'hiver, après la réunion complette des Autrichiens dans les Pays-Bas, elle n'ait de grands dangers à courir, en tenant son armée sur la défensive dans les places.

On n'ignore point la nature des difficultés que les inondations dont toutes les forteresses de la gauche de l'Escaut sont susceptibles, feroient éprouver aux assiegeans dans une attaque réguliere, où ils n'auroient que la largeur de la digue pour ouvrir leurs tranchées; mais l'expérience de la campagne de 1747 a prouvé que ces difficultés ne sont pas insurmontables, & le peu de tems que ces places ont tenu,

---

nimes du Roi, feroient de la nature de ceux qui depuis quelques mois ont navré le cœur de tout François qui aime son maître & son pays ; mais enfin il avoit prévu qu'il pouvoit exister des obstacles quelconques, il a même indiqué nommément les plus essentiels, il croit plus que jamais avoir vu, avoir dit la vérité ; & il répete encore avec une conviction intérieure que le cri de guerre est peut-être le plus sûr, comme le plus noble des moyens pour réunir & rendre complettement la nation au Roi.

alors

peut donner des inquiétudes sur celui qu'elles tiendroient aujourd'hui (*) on peut se flatter qu'elles seront peut-être moins bien attaquées & mieux défendues, mais cette sorte de confiance est trop précaire pour motiver raisonnablement celle de la république : le siege de Bruxelles soutenu au mois de Janvier & Février 1746 par une garnison bien plus nombreuse que celle que la république aura dans aucune de ses places, a prouvé que l'hiver même ne met pas à l'abri d'un siege régulier : le parti qu'un général entreprenant peut tirer des glaces pour une escalade, pour une surprise ou même pour une attaque de vive force, est encore un motif fondé d'inquiétude dans cette position. Peut-être ne jugera-t-on pas les troupes autrichiennes généralement assez mordantes pour ces sortes d'expéditions, mais ce que ces mêmes troupes ont fait sous le Général Laudon à Schweidnitz, elles peu-

---

(*) M. le duc régnant de *Brunswick* vient de donner une nouvelle preuve de l'insuffisance de ces inondations si dispendieuses, pour empêcher l'ennemi de pénétrer dans le pays. On est persuadé que si les officiers éclairés par l'étude & par le génie, qui ont présidé à l'établissement des défenses, avoient été les maîtres, on n'auroit pas négligé d'y joindre l'emploi des moyens cachés dont il est question dans le paragraphe auquel appartient cette note. On se trouvoit placé sur un terrain si propre à se rappeller ce que fit avec succès à Dordrecht, vers la moitié du onzième siecle, le Comte *Florent I* de Hollande contre les forces trois fois plus considérables des évêques de Cologne & d'Utrecht !

L

vent le faire fous le Général d'*Alton* à Hulft, Axel, Philippines, &c. Cet officier Général eft univerfellement reconnu pour un homme non feulement de grand mérite, mais de plus comme homme de la plus grande réfolution, & fort avide de gloire. Cette indication eft d'autant plus intéreffante, que dans toutes les occafions de guerre, c'eft prefque toujours de la tête que dépend l'action des membres.

Une armée qui défend des places a fans doute de grands avantages fur celle qui les attaque, mais ces avantages font d'ailleurs compenfés par la liberté qu'a toujours l'attaquant d'employer un plus grand nombre de moyens & de les diriger à fa volonté, au lieu que toutes les défenfes d'une place font connues, calculées & que l'ufage en eft abfolument déterminé : on regarderoit par cette raifon comme fort effentiel dans le moment préfent, de préparer un genre d'obftacle non apparent fur les différens terrains qu'un génie vraiment militaire reconnoîtroit comme l'emplacement le plus naturel des batteries, places d'armes, redoutes & cavaliers que l'ennemi auroit à élever dans les approches de la place. Ces fortes de moyens qu'on ne peut calculer & juger que fur les lieux mêmes, feroient d'autant plus effentiels à ne pas négliger, qu'au moins, à en juger par les rapports de M. le Général *Dumoulin*, tels qu'ils font confignés dans les papiers publics, il pourroit y avoir quelque négligence dans l'entretien de ces forteresses , & il n'y auroit que des moyens de cette nature propres à les remplacer.

C'est d'après ces différentes considérations *qu'en se dévouant au service de la République*, on avoit désiré que sans négliger aucun des secours concomitans qu'elle a le droit d'attendre de ses alliés, comptant principalement sur elle-même, (*) elle profitât d'un tems précieux que lui laisse encore la précipitation avec laquelle l'Empereur a déclaré ses intentions hostiles avant l'arrivée des troupes nécessaires pour les effectuer : c'est aussi dans la même vue qu'on avoit indiqué confidemment quelques tentatives à faire pendant la marche de ces mêmes troupes, surtout si la partie la plus intéressante des transports se faisoit par eau comme on le soupçonnoit alors.

Mais enfin si par des considérations majeures de politique interne ou externe, le parti de la République étant bien décidément pris, pour se mettre surabondamment au dessus du reproche d'agression & pour soutenir un reste d'espérance dans les négociations, d'attendre patiemment que toutes les troupes de l'Empereur soient arrivées & réunies dans les Pays-Bas, au moins

---

(*) L'exécution du plan de campagne du mémoire du 3 novembre 1784.

L 2

eſt-il indiſpenſable de prendre pour cette époque des meſures telles qu'elles puiſſent encore, malgré la ſupériorité du nombre, conſerver à la République un eſpoir fondé de ne pas être la victime d'une agreſſion ſoutenue de moyens auſſi impoſans que le ſont ceux dont elle eſt menacée. On oſe aſſurer qu'il eſt de ces meſures que la prévoyance militaire peut indiquer, & dont le ſuccès ſeroit d'autant plus probable, qu'à certains égards l'uſage en ſeroit abſolument neuf à la guerre; mais comme ce ſuccès peut beaucoup dépendre du ſecret ſur les préparatifs & ſur le projet d'exécution, ce n'eſt que dans la plus grande confidence qu'on (*) s'en ouvrira à un ſeul homme qui après avoir jugé leur effet, faciliteroit ici les moyens d'exécuter dans le ſilence des préparatifs indiſpenſables : on ajoute que les meſures dont il ſeroit queſtion ne croiſeroient aucun plan de campagne tel qu'il fût ou pût être, qu'il ſeroit au contraire de nature à concourir puiſſamment au ſuccès, & qu'il renverſeroit totalement le plan ſur lequel l'empereur lui-même ſe ſeroit propoſé d'opérer.

On eſt intimement convaincu que l'emploi des moyens dont il eſt queſtion pourroit faire le ſalut de la République dans

---

(*) L'auteur croit avoir acquité le 29 juin 1785, l'engagement qu'il avoit pris, en remettant le mémoire de formation qu'on a lu page 49 de cette collection.

(165)

les tems les plus difficiles. (*) Ce que coûteroient ces préparatifs n'excéderoit pas la fomme de 50 mille florins, & les avantages que la République retireroit de cette dépenfe font incalculables ; mais il n'y auroit pas un jour à perdre pour donner les ordres & commencer à travailler à ces mêmes préparatifs, pour pouvoir être en état d'en faire ufage au moment où la république fera parfaitement convaincue de l'entiere infructuofité des négociations & que fon honneur & fa fureté la forceront à prendre la réfolution finale d'agir véritablement en guerre.

(*) L'homme de guerre qui a vu & réfléchi le plan de formation propofé pour les phalanges patriotiques, a jugé par le choix des armes qu'on croyoit les plus convenables à cette valeureufe bourgeoifie, du choix des circonftances propres à l'employer. Partout où elle auroit pu combattre au plus près, il eft évident qu'elle auroit fait beaucoup de mal à l'ennemi, fans en fouffrir beaucoup elle-même, & que fon exécution auroit été d'autant plus meurtriere, qu'aucun des coups qu'elle auroit portés, n'eût été ni perdu, ni hafardé. Cet avantage en faveur de la phalange fur telle troupe réguliere que ce pût être, étoit incalculable dans une guerre de fiége comme celle du Brabant Hollandois.

Du 10 octobre 1787.

„ Le concours des circonstances impérieuses qui ont empêché la France de porter au corps patriotique renfermé dans Amsterdam, des secours qui lui étoient devenus si instamment & si indispensablement nécessaires depuis que, par l'abandon précipité d'Utrecht, on avoit ouvert, sans coup férir, toute la Hollande à M. le duc de *Brunswick*, a complettement décidé le triomphe de la cause stathoudérienne. Tels qu'ayent été, ou ayent pu être les motifs qui ont déterminé la résolution qu'on a prise, & empêché l'exécution de celles qu'on avoit annoncées, il est parfaitement démontré que la premiere, la principale cause de cet événement décisif, a été *l'imprévoyance* politique, qui depuis le commencement jusqu'à la fin, a constamment présidé à toutes les fausses démarches qu'on a faites, & qui s'est opiniâtrement refusée à toutes les mesures évidemment justes & nécessaires qu'il convenoit de prendre, & qui ont toujours été si infructueusement indiquées. C'est à cet aveuglement inconcevable, qu'il faut imputer le renversement rapide d'un édifice, dont on a été si longtems le maître d'assurer irrévocablement la solidité. On a pu juger par l'extrêmité à laquelle il a fallu que la brave bourgeoisie fût réduite pour céder, le parti qu'on auroit pu tirer de ses dispositions, si on ne se fût pas laiffé endormir par ces funeftes négociations, où on a employé fi mal-adroitement le plus dangereux des moyens au lieu de profiter de ce tems précieux, pour effectuer par un acte de vigueur fagement préparé la réunion préliminaire & indifpenfable de toutes les troupes régulieres, fous une même banniere, & à la faveur de cette réunion, lever enfuite ou prévenir tous les obftacles dont l'interpofition armée d'une puiffance étrangere, devoit embarraffer la marche du parti patriotique, & finalement, à la faveur de cette funefte divifion des troupes, anéantir, comme elle vient de le faire, les moyens infuffifans qui reftoient au dedans, à lui-oppofer. C'eft la fureur *protocolaire* des Délibérations, des Placards, des Propofitions & des *Tabellionnages* didactiques de toutes les efpeces qui, ainfi qu'on l'écrivoit alors dans une lettre particuliere, ont rapé inutilement le courage patriotique. ,,

,, La France étoit bien fans doute intéreffée à la réforme conftitutionnelle à laquelle on afpiroit, mais ce n'étoit pas une raifon pour s'en remettre entierement à elle; c'étoit principalement fur les moyens qu'on avoit en foi-même qu'il falloit compter : c'eft avec ces moyens indépendans, qu'il falloit avant tout remplir l'objet capital de s'affurer l'obéiffance & la difpofition de toutes les troupes régulieres qui devoient former l'armée de la République , puis compter enfuite fur la Puiffance alliée pou

appuyer & foutenir la révolution, en joi⁗
gnant une partie de fes forces à cette armée
republicaine, & on auroit été sùr, en fuivant cette marche, de réunir le vœu général des Etats, ou au moins de fe conferver
toujours la très grande majorité & de prévenir le grand argument dont la cour de
Londres s'eft prévalue dans fa déclaration
remife par le Lord *Torrington*, pour établir
l'infuffifance des titres qu'avoit la France
pour s'interpofer efficacement en faveur
de la caufe patriotique : c'eft ce qu'on n'a
jamais ceffé de dire & d'écrire, mais il étoit
décidé, dès le mois de décembre 1784, que
les avis les plus fages & les fervices les
plus réels devoient être également inutiles
& à celui qui les donneroit, & à ceux
qui les recevroient. Malgré tout le bien
évident d'une marche auffi fimple que celle
qui étoit indiquée, & le danger également
évident qu'on avoit à courir en s'en écartant, il n'a pas fallu moins que l'événement
pour convaincre l'irréfiftible incrédulité
avec laquelle le double efprit de déférence
& de parcimonie a conduit les chofes au
point où elles font aujourd'hui. Quelles en
feront les fuites pour la République & pour
la France elle-même ? La poffibilité des réfultats qu'il y a lieu d'en craindre pour l'un
& pour l'autre ont été fi pofitivement annoncés dans le mémoire du 12 feptembre
1786, & furtout fi clairement indiquées dans
la lettre du 2 mars 1787, (*) qu'il feroit

(*) Page 127 & 128.

fuperflu de le répéter : nous touchons au moment qui fixera la juftefe ou la fauffeté de l'opinion qu'on en avoit à cette époque. ,

„ C'eft au tiers du mois d'octobre qu'on fait aujourd'hui cette réflexion, dans un tems où lorfque la guerre eft la plus allumée; on commençe déjà à s'occuper des quartiers d'hiver & de la reprife des négociations pour ramener la paix. Cette obfervation peut flatter fans doute au premier coup d'œil, de l'efpoir & de la poffibilité de conferver l'une & de prévenir l'autre par ce même moyen ; mais malgré cette confidération même, on ne balance pas à avancer qu'il refte encore affez de temps pour que les derniers jours de ce même mois foient marqués par un déploiement fubit de moyens hoftiles, fur des points où leur réunion pourroit être fi difproportionellement impofante, qu'il feroit bien difficile de négocier alors avec affez d'égalité pour en tirer avantage, & l'exemple d'Amfterdam vient de convaincre qu'il eft des cas où toute négociation n'aboutit, quand la force propofe, qu'à courber le foible fous la loi de la néceffité. On pouvoit tout prévenir en Hollande, fi on avoit prévu ; mais peut-être, dans ce moment-ci, n'eft-ce qu'en prévenant, & en prévenant nerveufement & rapidement qu'on pourroit éviter de très grands malheurs à prévoir, fi on fe livre avec confiance à de nouvelles négociations quand il eft autant queftion de préfumer,

(furtout par ce qui fe paffe actuellement en Allemagne) que les moyens d'agreffion ont été trop réfléchis, & font trop près de l'activité à laquelle ils ont été deftinés, pour fe flatter d'engager la puiffance, qui les a préparés avec tant de foins & de dépenfes, à y renoncer. „

„ On ne peut s'empêcher de regarder l'armement fingulier d'Hildesheim comme la correfpondance certaine fur terre, des armemens navals que la cour de Londres fait dans fes ports, & par ce qu'elle fait dans ce moment-ci pour intéreffer la France fur un élément, on préfume ce qu'elle fe propofe de faire fur l'autre, à la faveur de cette inquiétante & difpendieufe diftraction. „

„ On croit de quelque importance d'obferver que cette combinaifon collective de troupes qui, indépendamment de celles de S. M. Pruffienne, forment une armée de 50 mille hommes, n'eft compofée que du contingent fubfidiaire fourni uniquement par les princes dont les états font fitués fur la bande du territoire Germanique qui s'étend de l'Ocker au bas-Rhin. „

„ Il paroît qu'il y a eu quelques changemens dans la premiere deftination des troupes Bavaroifes & Palatines dont les munitions avoient dû, ainfi qu'on l'avoit dit (*) être embarquées de l'arfenal de Manheim,

---

(*) Page 77.

pour defcendre le Rhin jufqu'à Duffeldorp; elles n'ont furement pas encore paffé fur ce fleuve, quoique ces troupes, dans les deux électorats, foient complettement équipées en guerre, & que depuis près de deux mois, elles ayent reçu l'ordre de fe tenir prêtes à marcher; on ignore d'ailleurs ce qui peut être convenu avec le prince évêque de Würtzbourg, le duc de Würtemberg & peut-être l'Electorat de Mayence où il y a quatre mille hommes de troupes des plus leftes & des mieux tenues de l'Europe; mais fi l'armement de l'Empire étoit effectivement collectif, comme on l'a foupçonné dès le mois de mars dernier, & que la même combinaifon actuellement effectuée par les Princes de l'Empire à fa droite, s'exécutât dans la même proportion à fa gauche par les Princes dont les Etats font fitués fur la bande parallele de la Moldau au Haut Rhin, & que la marche de ces deux Corps d'armée fût fimultanée comme leur armement a été collectif; on le répete encore, quel pourroit être l'objet de cette coalition & d'un mouvement de cette nature fur le Haut & Bas Rhin, fous les aufpices des deux puiffans Princes qui le dirigeroient?,,

,, Ce n'eft pas feulement aux efpérances d'une conciliation prochaine entre la France & l'Angleterre, malgré des fymptômes de guerre auffi marquans que ceux qui viennent d'être expofés, que fe bornent les fpéculations pacifiques. Le défir qu'on

auroit de conferver la paix, étend ce même efpoir jufqu'à faire revenir la Porte du
parti qu'elle vient de prendre contre la
Ruffie. Les détails de l'attaque d'une fréga-
te ruffe par 17 bâtimens ottomans dont elle
étoit enveloppée & auxquels elle a échap-
pé avec gloire, annoncent au moins, malgré le peu de fuccès de cette premiere
hoftilité que la réfolution du Divan eft trop
férieufe pour qu'il en revienne auffi facilement. La nomination que la Porte a faite
d'un nouveau Chan de Crimée, eft de fa
part une démarche encore plus marquante
de fon éloignement pour toute reprife de
négociations. Le premier réfultat en feroit
néceffairement de revenir ignominieufe-
ment contre un acte auffi folemnel de fes
prétentions fur le recouvrement de cette
intéreffante principauté ; cependant malgré la notoriété de ces deux événemens
qui ont immédiatement fuivi le manifefte
du 24 août dernier, miniftériellement communiqué à toutes les Cours, il eft encore
des fpéculateurs qui, fur la foi de quelques
lettres particulieres, & fur la confiance
qu'ils donnent à des démonftrations appa-
rentes dont la fincérité eft au moins équivoque, augurent qu'on effectuera un
accommodement par l'interpofition réunie de l'ambaffadeur de France & de l'in-
ternonce impérial à Conftantinople ; On eft
bien éloigné, après la façon dont on a vu (*)

____

Page 72.

& jugé la résolution subite du Divan, ainsi
que les motifs qui l'ont vraisemblablement
déterminée, & celle dont on juge dans ce
moment-ci les dispositions & les résolutions
de la cour de Vienne, d'adopter une opinion
qui paroît n'avoir d'autre fondement que
l'habitude où on est depuis le traité de
Kanardgi, de voir l'espece de soumission
avec laquelle le ministere Ottoman s'est
prêté à toutes les exigeances qui lui ont été
successivement proposées par les deux
cours Impériales, & à la plus grande partie desquelles l'esprit conciliateur qui diri-
geoit alors le cabinet de Versailles, avoit
toujours inspiré une condescendance, ou
absolue, ou au moins partielle. „

„ On croit au contraire aujourd'hui, que
le temps des palliatifs est passé, & que celui
de préférer l'usage du fer, même malgré les
dangers de l'amputation, est enfin venu,
qu'on a renoncé à tous les toniques desse-
chans; que le grand Visir actuel est également convaincu de l'insuffisance des demi-
sacrifices pour conserver une paix solide,
& des nouvelles difficultés que ces demi-
sacrifices, en se multipliant, opposeroient
au déploiement efficace des forces Ottomanes, à l'époque finale, où après avoir
épuisé toutes les humiliations, il faudroit
bien absolument venir à faire la guerre,
& qu'il s'est bien fermement résolu à ne plus
se laisser ni intimider par les menaces, ni in-
duire par les conseils. On observe même,
qu'en prenant cette résolution vigoureuse,

ce miniftre n'a pas négligé ce qui pouvoit la rendre irrévocable & qu'il a cherché à enchaîner l'intrigue & les efforts de ceux des autres membres du divan qui pourroient être intéreffés à prolonger la fomnolence du grand feigneur, en fe faifant figner par ce prince, dès le mois de juillet, une approbation formelle de fa conduite dans les affaires du Gouvernement, qu'il a fait folemnellement proclamer le 29 du même mois. On feroit affez porté, en le jugeant, comme miniftre, fur cet acte de prévoyance politique, à croire que comme Général, il ne négligera pas, comme ont fait fes prédéceffeurs, les démarches néceffaires de prévoyance militaire. „

„ A cette obfervation relative à l'éloignement où on croit la Porte de toute reprife de négociation conciliatoire, on ajoute (& on croit avoir raifon de le faire) que, quand même, par une de ces révolutions miniftérielles plus fréquentes à la Porte Ottomane qu'à toute autre cour, on parviendroit à ramener le Divan fur fes pas, fi on veut juger avec une attention réfléchie de l'événement par la réponfe digne & fiere avec laquelle l'Empereur a notifié provifoirement lui-même à la Porte, à quel prix il mettoit fa neutralité & fa médiation & que l'on rapproche d'un indice auffi énergique des intentions réelles de ce prince, l'incroyable célérité avec laquelle il a décidé & dirigé fes principaux moyens, en conformité des arrangemens effentiels qu'il avoit pris avec fon alliée, relativement à leur objet commun, il eſt plus que probable que bien loin de chercher à revenir à des tempéramens de conciliation, *Joſeph II* n'en admettroit aucun de ceux qui pourroient lui être propoſés, ſans avoir poſé pour premiere baſe de tout arrangement, la réintégration complette de tous les articles convenus à la paix de Paſſarovitz, ce qui emporteroit avant tout la reſtitution de Belgrade, & il feroit par trop ſingulier que cette place cédée aux Turcs en 1739 par l'entremiſe de M. de *Villeneuve* ambaſſadeur de France, fût rendue à l'Empereur en 1787 par l'entremiſe également médiatrice d'un ambaſſadeur françois. On a de la peine à imaginer que, dans l'état préſent du cabinet de Verſailles, on puiſſe y avoir à ſe reprocher des diſſonnances de cette eſpece. Cette place, ſoit qu'on la conſidere dans ſa poſition au confluent du Danube & de la Save, ſous l'aſpect militaire d'attaque & de défenſe, en tems de guerre, ſoit qu'on l'enviſage, en tems de paix, ſous un aſpect purement mercantile, relativement au cours & au commerce du Danube, ſoit qu'on preſſente combien ſa poſſeſſion eſt influente ſur la Servie, la Boſnie, la Croatie, la Dalmatie, & la communication par ces provinces juſqu'au Golfe Adriatique, eſt, & doit être un objet ſi indiſpenſable de recouvrement pour un prince qui les aime & qui eſt auſſi ſyſtématique dans ſes vues, que l'eſt *Joſeph II,* qu'il eſt naturel de pen-

fer que le siége de cette place fera la premiere opération de fa campagne, s'il n'eft
pas prévenu par le Vifir aux ligues de Sem-
lin : l'énorme quantité de groffe artillerie,
qu'on deftine à être employée dans cette
guerre, & dont la majeure partie fe dirige
fur Péterwaradin, vient à l'appui de cette
préfomption. „

„ En voyant, dans un moment auffi intéreffant, un développement auffi rapide des
grands moyens de la maifon d'Autriche fur
tous les points les plus propres à lui procurer les plus grands fuccès, on ne peut
pas douter que *Jofeph II* n'ait devant les
yeux les époques les plus glorieufes des re-
gnes de *Leopold*, de *Jofeph I* & de *Charles VI*;
il réunit en lui feul les talens qui étoient par-
tagés entre ces trois grands Princes; il s'eft
élevé au deffus des défectuofités dont l'in-
tolérance & une dévotion mal-entendue,
ou une confiance mal placée ont quelquefois obfcurci leurs qualités; fes premieres
études ont été pour les égaler dans ce qu'ils
ont fait de grand, & on fe tromperoit fort
dans l'horofcope qu'on tire de ce Prince,
s'il ne finiffoit pas par les furpaffer. „

„ C'eft fur cette opinion qu'on a de la
grandeur réfléchie du caractere de l'Empereur, & fur la nature des événemens
dont on le voit fi bien préparé à fe rendre
maître, qu'on ne croit pas qu'il confentît
à fe prêter à des négociations qui l'empê-
cheroient de recueillir les fruits de gloire
& de bonne fortune qu'il a droit de fe pro-

mettre

mettre de la prévoyance, & qui sont actuellement à leur maturité. „

„D'après des nouvelles de Varsovie qui paroissent authentiques, il paroîtroit que les deux Cours Impériales n'auroient négligé aucun des moyens qui pouvoient être à leur disposition, & on juge par les approvisionnemens de grains & de fourages qui se font, principalement du côté de Kaminiec, que la République de Pologne se dispose aussi à accéder efficacement à l'alliance & aux efforts des Cours de Vienne & de Pétersbourg. On ajoute même que les troupes de la couronne & du Grand Duché formeront deux corps séparés dont le premier se réunira à l'armée russe sur le Niester, & l'autre au corps autrichien tiré de la Gallicie. Les mêmes lettres qui indiquent cet arrangement, ajoutent que le prix des grains de toute espece est singulierement augmenté par les commissions qui viennent de tous les côtés, particulierement pour le Dannemarck & pour la Suede; on ne confirme pas la déclaration de cette derniere Cour, qu'on avoit citée (*) en prévenant que ce n'étoit que sur la foi des gazettes; mais à la nature des préparatifs dont on s'occupe à Stockholm & à Coppenhague, il y auroit lieu de croire que la nouvelle même, ainsi que le balancement qu'on avoit hypothétiquement annoncé comme

----

(*) Page 145.

M

en devant être la ſuite , ne tarderoient pas
à ſe réaliſer par la réunion du Dannemarck
à la grande alliance , c'eſt le nom qu'on
donne à celle des deux Cours impérial es. Il
eſt très vraiſemblable que dans l'entrevue
de S. M. polonoiſe & de l'Impératrice au
paſſage de cette Princeſſe dans ſon voyage
de Tauride, *Stanislas* dont les papiers publics ont recueilli le trait ſpirituel par lequel
le monarque lui renouvelloit acte de ſa reconnoiſſance, n'aura pas héſité ſur les aſſurances de concourir à tout ce qui pouvoit
flatter la gloire de ſes armes & la grandeur de ſes projets. On eſt d'autant plus
porté à donner confiance à ces nouvelles
qu'on avoit prévu dans un Mémoire du 31
Novembre 1784 l'uſage que *Catherine II*
pouvoit faire de l'armée de la République,
même dans le cas où il pouvoit être queſtion de s'expoſer au reſſentiment de *Frédéric II*, & qu'il y a les plus fortes pré-
ſomptions qu'en prenant aujourd'hui ce
parti, on ne riſquera pas d'offenſer *Frédéric Guillaume.* ,,

MEMOIRE

Remis à la Haye à MM. V. B. & G., le 31 juillet 1785.

En voyant l'Empereur revenir fur fes pas, après avoir annoncé avec autant d'éclat, bien moins encore fes projets de vengeance que ceux qu'il avoit formés fur l'entier affranchiffement de l'Efcaut, pour le rétabliffement de fa marine flamande, il eft d'autant plus effentiel de chercher à pénétrer le motif réel qui a déterminé ce Prince à fe borner aux conceffions partielles qui font dans ce moment-ci la bafe de la conciliation, qu'il pourroit y avoir à craindre que l'exécution de ces mêmes claufes, toutes reftraintes qu'elles paroiffent être, n'eût les fuites les plus dangereufes par la nature des moyens qu'elle fournira à *Jofeph II* (au premier prétexte d'humeur & de mécontentement qu'il lui plaira de faire naître,) de confommer un plan qu'il ne confentiroit à fufpendre aujourd'hui, que pour s'en mieux affurer le fuccès à l'époque qu'il jugera la plus favorable au développement de fes vues.

C'eft fur la démolition de Lillo & fur celle des autres Forts que la République poffede à la droite de l'Efcaut, que porte principalement cette réflexion.

M 2

On n'ignore point que ces ouvrages fe trouvant effectivement placés fur le tertitoire autrichien, fi on les confidere fimplement fous cet afpect, peuvent n'y être regardés que comme autant de pierres d'achoppement dont la fuppreffion préviendroit toute nouvelle conteftation entre la République & la cour de Vienne ; mais le choix même qu'on a fait originairement de ces emplacemens litigieux, n'annonceroitil pas la forte de néceffité où on fe trouvoit de paffer par deffus les égards d'ufage & de bienféance, pour ne s'occuper que de l'objet capital qui, en déterminant cette conftruction, fixoit également avec précifion le lieu où elle devoit fe faire ?

L'attention avec laquelle la République dans toutes les occafions & fpécialement dans fon traité de 1709 avec la reine *Anne* d'Angleterre, s'eft fait affurer & garantir la confervation de ces mêmes Forts, ne confirme-t-elle pas auffi l'importance qu'elle a cru toujours devoir mettre à ne pas fe défifter de ces emplacemens ?

S'il n'y avoit eu d'autre objet en élevant les forts de la droite de l'Efcaut, que de barrer aux Anverfois la navigation de ce Fleuve, comme on le faifoit aux points les plus éloignés des canaux de la gauche, en fermant le Zwin & la bouche du Saz, on pouvoit avec le Fort de Liefkenshöek faire la même chofe fur le courant même du Fleuve ; ou, on auroit pû en conftruire un au point de Saftingen, & même plus près encore de la jettée de Saint-Martin, sur un terrain bien incontestablement à la République, qui auroit rempli l'objet de l'interdiction navale, aussi parfaitement que Lillo.

Mais il paroît qu'indépendamment de ce motif, on en avoit encore un autre non moins important, & qui étoit, au moyen de ces Forts & de leurs éclufes, d'ôter aux posseffeurs d'Anvers la facilité de se porter en force fur des points dont il étoit essentiel pour la fureté de la Flandre hollandoife de les tenir écartés, afin de se donner le tems de les y prévenir, ou au moins de leur disputer avec une forte d'égalité les avantages d'une position regardée à juste titre, comme aussi influente fur la conservation des intéreffantes Fortereffes de la Généralité.

Les hommes d'Etat qui veillent avec autant de pénétration que de fageffe à la fureté, à la profpérité & à la gloire de la République, ne pouvant, dans une difcuffion de cette nature, s'éclairer que de connoiffances purement militaires, on a cru ne pouvoir mieux les mettre à portée d'apprécier les obfervations qui font l'objet principal de ce mémoire, qu'en réuniffant en même temps fous leurs yeux, le plan fur lequel l'Empereur auroit été forcé de régler les opérations de fa campagne, fi elle avoit eu lieu dans l'état actuel des Forts qui font encore à la droite de l'Efcaut au deffus de Zandvliet, & celui fur lequel ce

M 3

prince pourra régler les mêmes opérations, lorſque ces mêmes Forts ſeront dé-
molis. Ce ſera ſur la comparaiſon réfléchie
& raiſonnée des moyens & du tems qu'exige néceſſairement le premier de ces deux
plans, avec la rapidité d'exécution dont le
ſecond eſt ſuſceptible en y employant des
moyens beaucoup moins étendus, & bien
moins diſpendieux, qu'on pourra évaluer
avec quelque juſteſſe toute l'importance
dont peuvent être à la République les démolitions conſenties.

PLAN

de campagne de l'Empereur, ſi elle avoit eu lieu dans l'état actuel des Forts de la droite de l'Eſcaut.

L'objet réel & unique de la levée de bouclier de *Joſeph II* ayant évidemment été, non ſeulement de rendre à ſa ville d'Anvers ſon ancienne exiſtence commerçante, mais même d'étendre ſes relations & ſa navigation par tous les moyens & tous les canaux poſſibles, il eſt hors de doute que l'intention de ce Prince portoit ſur la conquête entiere de la Flandre hollandoiſe.

Il n'a dû & n'a pu eſpérer de réuſſir dans l'attaque de toutes les fortereſſes qui couvrent & défendent cette province qu'autant qu'en les iſolant de toute eſpece de ſecours, & en les réduiſant à la ſeule défenſe de leurs garniſons, il feroit bien certain que rien ne troubleroit les travaux & les opérations des corps chargés du ſoin de les ſoumettre : pour s'aſſurer cette tranquilité il falloit que l'Empereur attirât aſſez puiſſamment l'armée de la République ſur la Meuſe, & qu'il l'occupât aſſez eſſentiellement entre cette riviere & la droite de l'Eſcaut, pour qu'elle fût hors d'état de porter aucun ſecours efficace à la gauche de ce dernier fleuve.

C'eſt ainſi qu'en uſa le Maréchal de Saxe

en 1747 après la bataille de Laufelt; & il est plus que vraisemblable que c'est aussi ce qu'auroit fait l'empereur si la campagne avoit eu lieu; l'établissement de son grand magasin à Louvain & la distribution d'une partie considérable de ses troupes sur la Meuse, la Sambre & la Mehaigne, indiquent encore dans ce moment-ci la position centrale que ce Prince se proposoit de prendre dans les plaines de Tongres ou de Tirle-mont.

Ses dépôts de mortiers & de grosse artillerie à Anvers & à Gand ne laissent également plus de doute sur l'usage auquel il les destinoit dans la Flandre hollandoise.

Mais pour effectuer ces deux objets, il ne falloit pas moins de quatre-vingt mille hommes, dont 50,000 pour l'armée destinée à agir près de la Meuse, & 30,000 pour les réserves chargées des opérations de la gauche de l'Escaut; & c'est effectivement à ce même nombre de 80,000 hommes, que *Joseph II* lui-même, dans les premiers élans qui annoncerent à toute l'Europe ses dispositions hostiles, avoit porté l'état des troupes qu'il destinoit à l'expédition des Pays-Bas.

Les obstacles qu'un hiver rigoureux a opposés à la marche de ses premieres divisions, obstacles plus embarrassans encore qu'auroient eu à surmonter celles qui les auroient suivies, surtout la cavalerie & l'artillerie, par la rareté extrême des fourrages; le nouvel ordre de combinaisons dans la dispofition de fes moyens que l'intervention de la France (fur laquelle il n'avoit peut-être pas compté fitôt,) l'obligeroit de faire ; fur-tout la découverte inattendue & précipitée de quelques autres vues qui ont fonné l'allarme dans prefque tous les cabinets, & qui ont formé depuis cette confédération qui occupe dans ce moment-ci toute l'Allemagne ; peut-être encore les changemens arrivés à la Porte, & de nouvelles mefures à concerter avec *Catherine II* foit pour prolonger la léthargie de cette puiffance, foit pour chercher à l'écrafer avant qu'elle en forte ; toutes ces différentes confidérations en particulier ou réunies, peuvent, & doivent même avoir déterminé l'Empereur à reculer jufqu'à l'époque d'une explofion générale qui paroît inévitable aujourd'hui, l'exécution d'un projet qui n'en refte pas moins au fond de fon cœur, & d'après lequel on a les plus fortes probabilités de le foupçonner de ne fe prêter aux conceffions convenues que parce qu'il a preffenti tout le parti qu'il en pourra tirer, dans l'occafion, pour le fuccès le plus rapide de fes vues.

PLAN

de campagne de l'Empereur si elle a lieu après la démolition des forts à la droite de l'Escaut.

L'Empereur n'ayant plus d'obstacles qui gênent ses mouvemens à la droite de ce fleuve, portera un Corps de vingt mille hommes entre Zandvliet & Eckeren, pendant que les différentes divisions de ses troupes distribuées dans Ostende, Niewport, Bruges & Gand, pénétrant toutes à la fois dans la Flandre hollandoise, en masqueront ou en investiront en même tems toutes les places.

Si les vents & la mer ne font pas absolument contraires, des bâtimens fretés à cet effet dans le port d'Ostende, transporteront six bataillons avec du canon dans l'Isle de Cadzant, où le débarquement se fera avec d'autant plus d'aisance que la mer à l'embouchure de l'Ouester-Schelde découvre en se retirant, dans toute la partie qui regarde le Wielingue jusqu'à la hauteur & même un peu au dessus de Flessingue, une plage très unie d'un sable très ferme. Les objets que ces bataillons auroient à remplir dans l'Isle de Cadzant, seroient, après en avoir désarmé les habitans, de se porter de façon à défendre l'entrée du Zwin pour couvrir le siége de L'Ecluse ; empêcher tous les secours qu'on tenteroit de faire passer dans la Flandre hollandoife , en s'oppofant à l'approche des vaiffeaux & à toute efpece de débarquement , comme le firent en 1747 les bataillons françois qui y étoient , vis à vis la petite efcadre angloife du commodore *Mitchel* qui mouilloit fous Fleffingue.

Enfin ces bataillons en attaquant de leur côté les villes & poftes d'Oftbourg & d'Iffendik, co-opéreroieut de leur mieux au fuccès de l'attaque réguliere de ces places, qui feroit faite par les troupes employées à la gauche de la bouche de Saz, afin de s'ouvrir le plus promptement poffible la communication refpective avec ces mêmes troupes ; pendant que le camp de Zandvliet à cheval fur l'Efcaut, au moyen d'un pont de Bélandres qu'on établiroit à la hauteur même où auroit été Lillo, (*) pourroit fe porter en totalité ou en partie , fuivant les circonftances à la gauche du Fleuve , pour y donner la main dans le befoin à la réferve chargée des attaques fur le rameau de la bouche du Saz.

Les gens de guerre qui examineront le plan qui vient d'être efquiffé, obferveront d'abord, que pour l'exécution du mouvement général de toutes les troupes de l'expédition à la droite & à la gauche de l'Efcaut, par mer & par terre, il ne faut qu'une feule marche, même de nuit, fi les points de direction & de développement

---

(*) Il y feroit aujourd'hui non-feulement établi, mais puiffamment protégé & couvert.

ont été bien reconnus, fi l'ordre a été clairement exprimé par le Général, & ponctuellement fuivi par les commandans particuliers de chaque divifion. Ils fe convaincront, par l'infpection du terrain entre Zandvliet & Eckeren, que ce camp intournable par fes flancs, fortifié fur fon front, comme il pourroit l'être promptement par les reffources de l'art, y deviendroit lui-même une efpece de citadelle d'autant plus refpectable pour l'armée de la République, qu'elle ne pourroit s'en approcher qu'en marchant par des bruyeres arides & marécageufes en même temps, où l'eau & le bois font extrêmement rares, où elle ne tireroit qu'avec peine fes fubfiftances & fes munitions, de fes places de Bréda, Bolduc & de Berg-opzom, où enfin, après avoir furmonté toutes ces difficultés & ces fatigues, elle n'auroit joint l'ennemi que pour le combattre avec tous les défavantages réunis de l'art & de la nature & de plus avec tous les dangers d'une retraite longue & découverte en cas d'événement malheureux ; au lieu que le camp de Zandvliet qui réuniroit le double avantage & de couvrir parfaitement fes derrieres & d'en tirer avec liberté entiere toutes fes munitions de guerre & de bouche, auroit furabondamment encore, en cas d'un malheur qui ne feroit pas préfumable, l'affurance d'une retraite facile & couverte jufques fous le canon d'Anvers.

Ils remarqueront encore que ce mouve-

ment simultané par lequel toutes les divifions fe porteront en même tems fur la
droite & fur la gauche de l'Efcaut, aux
points qui leur auront été indiqués, étant
de nature à être préparé & exécuté, fans
avoir été annoncé ni prévu, auroit vraifemblablement tous les avantages de la
furprife, dont il eft difficile de calculer les
effets, qui pourroient être tels que dès
l'aube même du jour de l'arrivée des troupes fur leurs points de développement, une
grande partie des ouvrages extérieurs, &
même des Eclufes, eût été enlevée de
haute lutte par les avant-gardes, ou même
occupée par elles, fans y trouver de ré-
fiftance, par la fécurité qui trop fouvent
en fait négliger la garde.

Ils jugeront enfin par l'emploi fi aifé de
tous les canaux qui correfpondent des
points du départ à ceux de l'arrivée & des
opérations, toutes les facilités qu'on auroit
pour faire paffer aux troupes des deux
Réferves de la gauche les convois de pelles,
pioches & outils de toute efpece, ainfi que
ceux des fauciffons, fafcines, gabions, pi-
quets, clayes, poutrelles, & généralement
de tous les agrès & apparaux néceffaires
& acceffoires au fuccès le plus prompt des
opérations dont elles feroient chargées.

N. B. Tous ces préparatifs auroient été
faits fans éclat, & fous d'autres prétextes
dans le pays de Luxembourg où tout auroit
été emmagafiné, pour n'en être tranfporté
que la veille du jour deftiné à l'expédition

& en arrivant à Oftende, Bruges & Gand,
y être tout de fuite embarqués à la fuite
des troupes qui en devroient faire ufage.

En employant 30000 hommes pour les
deux réferves de la gauche, avec les 20000
du camp retranché à la droite de l'Efcaut,
on voit qu'au lieu des 80000 mille hommes,
indifpenfablement néceffaires dans le premier plan, il n'en faudroit que 50000 dans
le fecond ; fi pour furabondance de fureté
on porte le camp de Zandvliet à 30 mille
hommes, il fe trouvera encore que la démolition des Forts de la droite de l'Efcaut
fera pour l'Empereur un équivalent de
20000 hommes.

Quand on fe rappelle d'avoir vu avec une
partie feulement de ces moyens, & moins
bien préparés , & moins favorablement
difpofés, toutes ces mêmes places non
furprifes & s'attendant à être affiégées,
n'en être pas moins enlevées toutes dans
l'efpace d'un mois, on a bien de la peine
à fe défendre de l'inquiétude motivée par
tant de raifons, non feulement fur la poffibilité, mais même fur la rapidité du fuccès d'une expédition conçue & exécutée
comme on vient de l'expofer.

A la fuite de ces fpéculations militaires
dont on n'a indiqué les principaux détails
que pour les rendre plus fenfibles aux
vertueux & pénétrans patriotes auxquels
ces obfervations font deftinées, & les mettre dans le cas d'en pouvoir conférer avec
ceux qu'une réputation juftement méritée,

une expérience confommée dans toutes
les parties de la guerre, appuyée de toutes les connoiffances topographiques du
terrain en général, & de tous les ouvrages
en particulier , rendent les juftes dépofi-
taires de leur confiance & de celle de la
République :

On croit encore, par une fuite de l'attachement perfonel & de la vénération
qu'infpirent ces véritables chefs de la patrie, ne devoir pas leur diffimuler le fouvenir de ce qui fe paffa en 1747 , & les
avantages que les partifans de l'autorité
d'un feul tirerent contre l'autorité patriotique & véritablement fouveraine, des im-
preffions fâcheufes qu'avoit faites fur l'efprit des peuples un malheur dont les fuites
n'étoient certainement à aucun titre com-
parables à celles qu'entraîneroit après lui
le fuccès de l'expédition qui vient d'être
projettée, & dont le défefpoir public fe
croiroit d'autant plus fondé à leur imputer la faute, que celle des démolitions fa-
crifiées dans cet inftant-ci à l'amour de la
paix, feroit alors dans la plus parfaite
évidence ; cet afpect d'une poffibilité auffi
affligeante, eft trop frappant pour ne pas
recueillir & fixer la plus févere attention
de ces hommes vertueux fur les intentions
réelles que l'ennemi de la République
pourroit mafquer dans ce moment-ci fous
le voile d'un feint amour de la paix, &
fous celui d'une feinte déférence pour la
médiation du Roi fon beau-frere.

Ce qu'il y a de certain & de confolant, c'eft que telle humeur que ce Prince eût intérieurement du parti que prendroit la République, foit de revenir par la voie des explications fur cette démolition, foit (ce qui feroit & plus facile, & plus conforme au refpect qu'elle doit & à fa parole & au médiateur qui l'a reçue) d'en éluder par des délais fucceffifs, l'exécution jufqu'à l'époque d'une explofion imminente qui, rompant par une guerre générale tous les engagemens antérieurement pris pour tâcher de conferver la paix, fauveroit à la Flandre Hollandoife la plénitude des défenfes qui font fa fureté; telle humeur, a-t-on dit, qu'en eût intérieurement l'Empereur; avec le peu de troupes qu'il a dans fes Pays-Bas, il ne peut rien entreprendre contre la République : l'ufage qu'il auroit pû faire, il y a quelques, mois des troupes Palatines Bavaroifes & peut-être Würtzbourgeoifes n'eft plus praticable aujourd'hui, dans l'état de fermentation où font actuellement les affaires de l'Empire Germanique. *Jofeph II* avanceroit par là l'époque d'un événement qu'il doit chercher à différer jufqu'au moment où il fera affuré de l'arrangement de tous fes moyens, & du concours effectif de fes alliés.

Il eft d'autant plus difficile, au refte, pour ne pas dire impoffible, que l'explofion générale n'ait pas lieu, qu'en balançant avec une jufte attention les forces refpectives de feize ou dix-fept cents mille hommes

qui

qui font armés fur terre en Europe, fi à
ce calcul numérique, on joint le calcul
rationel de l'intérêt direct & actif des Puiffances qui feront dans l'alliance de l'Empereur, & qu'on le compare aux motifs de
pure déférence, de bienféance, ou de crainte qui décideront, ou ont même déjà décidé en apparence le parti auquel s'atta-
cheront quelques princes & Etats particuliers: en préfumant les tiédeurs, les len-
teurs, les irréfolutions & peut-être les
infidélités, qui avec des motifs auffi peu
fûrs que ceux qu'on leur foupçonne, fe
rencontreront dans la façon dont ils con-
courront aux opérations & aux befoins
de la chofe commune ; qu'à cette obfervation on en joigne une feconde fur les moyens
qu'aura l'Empereur de détacher de l'affociation qui lui fera oppofée, & de ramener
ou à la neutralité, ou peut-être à quelque
chofe de pis, telle puiffance, fur les diver-
fions de laquelle on auroit fait le plus grand
fonds, il fe trouvera encore que bien loin
que cette combinaifon générale en impofe,
comme on s'en flatte, à l'empereur, il eft
très poffible que les avantages du nombre
& de la force, foient encore du côté de
ce Prince,

La premiere de ces obfervations regarde
la maifon de Brunfwick, en général, &
fpécialement, la branche électorale d'Hanovre, tant à raifon de fes anciens engagemens avec la cour de Vienne, que relativement à l'influence que celle de Londres

aura toujours fur elle. La circonfpection qui l'empêche d'ufer de cette influence fur leurs réfolutions actuelles, fe réferve vrai-femblablement d'en faire ufage, lorfqu'il fera queftion d'effectuer les engagemens que ces cours auront pris.

La feconde obfervation porte fur le roi de Sardaigne qui par la conceffion que pourroit lui faire *Jofeph II* des objets fi fort à fa bienféance dans la Lombardie & le Milanois, pourroit fe trouver puiffamment combattu entre l'intérêt perfonel & l'intérêt général de l'affociation où il feroit entré: L'hiftoire des variantes habituelles de la cour de Turin en pareilles circonftances, n'eft pas de nature à tranquillifer tout à fait fur cette crainte.

„ Ce qu'on ne peut fe refufer de voir,
„ & qu'il eft de la plus grande & de la
„ plus férieufe importance de ne pas per-
„ dre de vue, parce que c'eft une vérité
„ évidente, & une vérité évidemment
„ très dangereufe; c'eft qu'un prince qui
„ depuis la mort de l'Impératrice fa mere
„ a augmenté fes armées de 60000 hommes,
„ n'a pu faire cette augmentation que par
„ des motifs très réfléchis, & qu'un prince
„ qui avec un revenu d'à peu près quatre-
„ vingts millions de florins de Vienne, ofe
„ entretenir au delà de 360,000 hommes,
„ dont 60000 de cavalerie, avec double ar-
„ mement de fiége & de campagne dans fes
„ quatre arfenaux de Hongrie, de Bohê-
„ me, d'Autriche & d'Italie, ne peut

„ fubvenir à des dépenfes auffi prodigieu-
„ fement difproportionnées qu'en em-
„ ployant, un peu plus tôt ou un peu plus
„ tard, ces mêmes troupes à l'invafion des
„ Provinces qui lui fourniront les moyens
„ de les payer : qu'il lui faut pour cela d'a-
„ bord de l'argent, & enfuite du commerce
„ qui en procure ; qu'il cherchera à prendre
„ l'un & l'autre où ils font, conféquemment
„ que c'eft fur la Hollande de préférence
„ à tout autre Etat qu'il porte fes vues,
„ que c'eft à cette République qu'il importe
„ le plus de le furveiller, & que plus elle
„ aura de déférences pour lui, plus il
„ étendra fes prétentions contr'elle, en
„ employant & ce qu'elle lui aura cédé, &
„ ce qu'elle lui aura donné, à lui arracher
„ ce qu'il en exigera encore. „
Mais les engagemens formels que l'Empereur va prendre avec la République fous
la garantie de la France, peuvent-ils laiffer
à cette derniere des inquiétudes fondées,
pour l'avenir, & doit-elle regarder comme
des facrifices onéreux ceux qu'elle fait
dans ce moment-ci pour opérer la confommation d'une alliance dans laquelle elle
place la plus jufte confiance ?
Les engagemens que l'Empereur prendra en fignant fon traité feront certainement conçus dans les termes les plus propres à lier fa bonne foi & à enchaîner
toute vue ambitieufe, mais quelle forte
d'engagemens plus formels ce prince peut-
il prendre, qui aillent au delà d'une décla-

ration folemnelle donnée fpontanément à
la face de toute l'Europe, dans laquelle
on articuloit affurance & garantie à la République de Pologne, de la totalité, de l'intégrité abfolue de tous fes domaines, tels
qu'elle les poffédoit à la mort de fon dernier roi *Augufte III*, & cependant deux
ans après, les falines de Bochnia & de
Wielieza, avec les deux plus belles Provinces de ce patrimoine fi folemnellement
garanti, n'en ont pas moins été enlevées
par le garant.

Il femble, aujourd'hui, qu'avec la facilité
que les deux cours impériales fi étroitement unies, ont trouvée à changer les noms
des Provinces qu'elles acquierent fur leurs
voifins, elles n'ont befoin que de ce petit
changement pour effacer le fouvenir de
la perte. Qui oferoit répondre qu'avec
ces principes, & le befoin d'un fupplément
de revenus pour fubvenir à l'entretien énor-
mément difpendieux d'un état militaire auffi
monftrueux que le fien, *Jofeph II* ne fe pro-
pofât pas de rendre un jour aux fept Provinces Unies leur ancien nom des Iles Bataves?

A l'égard de la garantie de la France, &
des fecours que la République aura toujours lieu d'en attendre; on eft affurément
bien éloigné d'élever le plus léger doute,
ni fur la magnanimité avec laquelle ces fecours feront promis, ni fur la fidélité avec
laquelle ils feront tenus, ni fur l'efficacité
avec laquelle ils feront employés.

Mais en fixant toujours des regards attentifs fur la combinaifon naturelle de cette explofion générale dont l'Europe eft fi menacée & où il paroît qu'une moitié de l'Europe commence déjà à s'armer contre l'autre ; on ne peut s'empêcher de prévoir & d'en revenir au parti que prendra bien certainement l'Empereur de faire marcher lui-même une armée très confidérable fur le haut Rhin, pour prévenir dans les Pays-Bas l'intervention des forces de la France, (le plus dangereux & le plus impofant des obftacles qui puiffent y barrer l'exécution de fes vues) en obligeant le Roi fon beau-frere, devenu fon ennemi, à faire avancer en Alface la majorité de fes forces mobiles & à porter au moins avec fes garnifons de Strasbourg & de Landau, fon armée à 110 mille hommes dans cette province :

Si à cet emploi indifpenfablement forcé d'une portion auffi confidérable des forces du roi, on calcule fur le parti que prendra l'Angleterre en oppofition à celui de la France, & qu'on entre dans le détail des corps de troupes que cette derniere aura à entretenir dans fon intérieur, dans fes ports, fes places & toutes fes frontieres maritimes, fpécialement aux points de la Manche où les travaux qu'elle & entrepris & déjà fi fort avancés, font évidemment de nature à caufer trop de jaloufie & d'inquiétude à la cour de Londres, pour ne pas s'attendre à lui voir diriger, auffitôt que l'occafion s'en préfentera, fes efforts les plus férieux contre des établiffemens dont les fuites peuvent être effentiellement allarmantes pour elle, fi elle les laiffe fe perfectionner.

Le renouvellement de la guerre par mer qui fúivra immédiatement la révolution de la guerre de terre, exigera encore que la France faffe paffer quelques régimens foit dans l'inde, foit dans fes colonies américaines, à moins que les nouveaux Etats Unis ne lui fourniffent des fecours efficaces contre leurs anciens concitoyens, ce qu'il ne paroît pas qu'on ait trop lieu de fe promettre d'un peuple fur lequel la gloire & la reconnoiffance doivent peut-être avoir moins d'empire que la certitude des avantages mercantiles qu'il retireroit de fa neutralité.

Tel foible que foit le corps que la France entretient en Corfe, c'eft toujours un moyen de moins, pour fe conferver en Flandres, une activité telle qu'il conviendroit à la République, & pour y donner à fa garantie tout le poids qu'elle eft faite pour infpirer. Tels étendus que foient les moyens de la France, ils font cependant bornés, & on rifque le calcul le plus hafardeux fi on fe flatte que dans la multiplicité d'objets qu'elle aura à remplir, après avoir porté en Alface un auffi grand nombre de troupes, elle ne foit pas forcée d'abandonner fa frontiere de Flandres à fes feules garnifons, ce qui mettra *Jofeph II* dans le cas de l'exécution du fecond plan d'opérations, tel qu'il a été tracé précédemment, avec des conséquences, sous toutes les faces, aussi allarmantes pour la République.

On n'entre point dans ce que l'on pourroit se promettre du roi de Prusse : on doit sentir que dans l'explosion dont il est question, ce sera sur la Prégel, le Niester, la Vistule, l'Oder, l'Elbe, que ce prince donnera ses principales attentions ; ce sera beaucoup s'il destine un corps d'observation pour couvrir les possessions éloignées de sa droite en Gueldre & en Westphalie : On se rappellera qu'en 1757 il prit pour se concentrer, le parti de l'évacuation ; s'il ne fait pas la même chose dans les circonstances qui paroissent si prochaines, ce ne sera que pour entretenir communication entre les confédérés de son alliance, & les princes qui auroient accédé à cette confédération ; mais on peut être bien sûr que dans aucun cas, le corps que Frédéric II aura en Gueldre ou en Westphalie ne se détachera jamais de la gauche du Rhin, & de la droite de la Meuse.

En admettant que l'Empereur ait trente mille hommes en Italie, cinquante mille en Hongrie, quatre-vingt dix mille sur le haut Rhin, soixante mille dans les Pays-Bas ; il lui en restera encore 130 mille à opposer au roi de Prusse, en Bohême, en Lusace, & en Saxe.

Telle disproportionnée qu'on présume qu'elle est, ou que soit effectivement à la population & aux revenus de l'Empire Ruffe, la maffe des forces militaires qui y font actuellement fur pied ; il n'en eft pas moins vrai que *Catherine II* a 3 2 mille hommes bien effectifs, & des troupes les plus fermes & les plus aguerries de l'Europe.

Il eft au moins probable, fi ce n'eft pas quelque chofe de plus, que 100 mille de ces hommes-là, avec la flotte de l'Euxin, & le concours des 50 mille Autrichiens qui forment le cordon d'Hongrie, font plus que fuffifans pour en impofer à la Porte, & peut-être anéantir cette puiffance en Europe.

Si fur les 212 mille qui refteront à fa difpofition, *Catherine II* en envoye, comme fit *Elifabeth* en 1767, 60000 à la pointe du Kurrifch Haven fur Melnick, & 60000 autres fur le Niefter pour contenir Choczim, couvrir la Gallicie, & menacer les nouvelles poffeffions Pruffiennes en Pologne ; on verra qu'avec 60 mille hommes pour couvrir & défendre fon royaume de Pruffe, & 50 mille au camp de Graudentz, *Frédéric II* fera de 10 mille hommes au deffous de la proportion numérique des ennemis qui lui feront oppofés.

Si à cette difpofition des forces Ruffes, trop naturelle pour ne la pas prévoir comme décidée & déterminée ;

On ajoute que cette Princeffe eft abfolument la maîtreffe, dans les difpofitions de refpect, de confiance, de foumiffion & de reconnoiffance où eft vis à vis d'elle la ville de Dantzig, d'y faire paſſer par mer, quand elle le jugera à propos, un corps de 8 ou 10 mille hommes qui feroient le déſeſpoir de la communication du Roi de Pruſſe entre ſes armées, ſes marches, & ſa Poméranie ; en ſe rappellant les ſoupçons qu'on a eus l'année derniere, (lors du blocus de cette ville par un corps Pruſſien) ſur les puiſſances qui encourageoient ſourdement l'opiniâtreté des Magiſtrats ; en conſidérant que c'eſt la volonté abſolue de l'impératrice qui a décidé cette querelle, & en obſervant de plus qu'on a conſervé à cette affaire une queue qui n'eſt pas encore terminée dans le moment préſent, on ſentira peut-être que cette *niche* militaire qu'on n'indique que comme poſſible, eſt peut-être déjà dans l'idée des alliés du Nord, comme projet.

A partir du même principe, & de l'eſprit de déférence abſolue, de reſpect & de ſoumiſſion de la Pologne même pour *Catherine II*; ſoumiſſion, telle que l'expreſſion ſeule de ſon déſir, marquée par un ſeul ſigne de ſon miniſtre Stackelberg, eſt une loi abſolue devant laquelle toutes les autres ſe taiſent, on pourroit encore d'autant plus appréhender l'uſage que cette Princeſſe pourra faire des 25 ou 30 mille hommes effectifs qui forment le corps d'arméede la couronne & de Lithuanie, qu'elle pourroit leur faire enviſager pour prix de cette démarche la gloire & l'utilité du recouvrement de la portion démembrée en faveur de *Fiédéris*

II, que fes anciens copartageans cherche-
roient à lui reprendre aujourd'hui, comme
coupable vis à vis d'eux d'une efpece de
félonie, pour avoir ofé fe défunir de leur
alliance.

En donnant une attention convenable à
tous ces objets d'une prévoyance fondée
peut-être fur des indices plus forts que
ceux des fimples poffibilités, on eft forcé
de reconnoître, malgré toute la confiance
& la vénération qu'infpirent la réputation,
les moyens, les reffources, le génie & les
talens éminens du roi de Pruffe, que les
proportions & les préfomptions ne feroient
pas en fa faveur.

Après cet aperçu motivé du dépouille-
ment, & de l'emploi des forces des Puiffances capitales des deux alliances oppofées,
il feroit fuperflu d'entrer dans le détail des
forces fecondaires : on fent que le Dannemarck balancera la Suede, que l'électeur
de Baviere & Palatin doit furabondamment
balancer celui de Saxe, que la maifon de
Würtemberg balancera celle de Heffe :
A l'égard des autres Etats & princes particuliers, leur inexiftence refpective fe balancera d'elle même, en fubordonnant tous
leurs moyens à la préfence de celle des
grandes armées qui couvrira, ou occupera
leurs poffeffions.

Tels arides que foient tous ces détails
militaires, il eft cependant indifpenfable
de les avoir dans la tête & fous les yeux,
puifqu'ils font la mefure des efpérances ou

des craintes qu'on peut concevoir, & la
feule regle certaine des mefures qu'il convient de prendre : C'eft d'après l'étude férieufe & réfléchie qu'on en a faite, qu'on
répete encore avec le même fonds de zele
dont la pureté & la vivacité ne fe font pas
démenties un feul inftant depuis le premier
où on en a fait l'hommage : „ Que rien ne
„ peut être, que rien ne doit être plus im-
„ portant à la République que de compter
„ principalement fur elle-même, & de pren-
„ dre fans interruption les moyens les plus
„ efficaces pour pouvoir fe paffer dans le
„ befoin, des fecours que fes alliés les plus
„ finceres & les plus chauds, preffés eux-
„ mêmes fur leurs propres foyers, pour-
„ roient être, malgré toute leur bonne vo-
„ lonté, hors d'état de fournir à fa défen-
„ fe. „

Du 16 Octobre 1787.

„Au point où font les chofes en Hollande, l'Angleterre eft tranquille fur les fuites de l'alliance qui avoit fi fenfiblement piqué fa jaloufie. Sure de n'avoir point à combattre les deux pavillons réunis, elle porte peut-être déjà plus loin fes efpérances. „

„On conçoit aifément que dans ce moment de triomphe, la cour de Londres ne fe donne plus la peine de cacher l'impreffion qu'a faite fur elle le progrès des travaux de Cherbourg, & on ne doute pas qu'elle ne faififfe la premiere occafion de détruire, fi elle peut, un établiffement auffi allarmant que choquant pour fa prétendue fouveraineté fur les eaux du Canal de la Manche. Le même jour que les frégates angloifes ont falué, il y a un an, *Louis* XVI fur le patriote, eft celui où la ruine de fon nouveau Port a été réfolue dans le cabinet de St. *James*: la préfence du Monarque en annonçoit la continuation & en préfageoit le fuccès. Le double intérêt de fureté & de gloire exigeoit de la Grande-Bretagne qu'elle en prévînt la perfection. „

„ On le prévit alors ; (*) mais on avoue qu'on n'avoit pas prévu qu'un Ambaffadeur demanderoit formellement un an après, la démolition d'un ouvrage dont la confer-

---

(*)Page 77.

,vation eſt ſi intéréſſante à l'honneur du roi & de la France. ,,

,, Quoique cette prétendue demande ſoit répétée dans quelques feuilles publiques & même confirmée par des lettres particulieres, on n'héſite pas à regarder cette nouvelle comme fauſſe & controuvée, & on ne peut ſe perſuader que l'Angleterre ait oſé charger ſon Ambaſſadeur de cette commiſſion, ſans avoir acquis auparavant par la force de ſes armes, le droit d'en donner la loi. ,,

,, Dans la longue rivalité qui depuis des ſiecles a balahcé entre les deux nations les revers & les ſuccès, les anglois ont eu des avantages ſur l'un & ſur l'autre élément, mais il n'eſt aucun de ces combats, où ils n'ayent rendu juſtice eux-mêmes à des ennemis qui, forcés quelquefois de leur céder l'honneur du champ de bataille ou du pavillon, ne l'ont jamais fait qu'en emportant celui de l'avoir noblement diſputé. ,,

,, La rivalité n'a rien pris juſqu'à préſent ſur l'eſtime que les deux peuples ſe doivent, & nne exigeance de l'eſpece de celle dont il eſt queſtion, s'écarteroit trop d'un ſentiment qui doit être au moins réciproque, pour penſer que la cour de Londres ait pû ſe la permettre. ,,

,, Si, par impoſſible, cette humiliante propoſition avoit été faite, l'Angleterre en feroit punie par le reproche qu'elle auroit à ſe faire, d'avoir par cette démarche efficacement contribué au salut & à la gloire de la rivale qu'elle auroit voulu abbaiffer.„

„ La nation entiere fe feroit rendue dès le moment même à la plénitude de fon zele & de fon amour inextinguible pour fon Roi & pour fon pays. Le françois ne fait point féparer l'un de l'autre; l'imitation n'a pas gagné, & ne gagnera jamais jufques là. Il peut dans un moment d'égarement aller jufqu'à offenfer lui-même fon maître, c'eft le crime de fa légéreté : mais il ne fouffrira jamais impunément que l'étranger lui manque : l'amant jure quelquefois contre fa maitreffe, mais dans le fonds du cœur il l'adore. La publicité feule de l'infulte (fi elle étoit vraie) feroit le plus fûr de tous les édits burfaux ; le Roi pourroit marcher avec confiance à fes ennemis. Il n'auroit jamais été fi riche , ni mieux fervi. „

„ On ne le diffimule pas. Telle adreffe qu'on mette dans les négociations, on regarde la guerre comme inévitable, & de telle façon qu'elle fe déclare & qu'elle fe faffe, on croit que la France aura befoin de toute fon énergie. „

„ Plus on réfléchit fur la détermination évidente des moyens qu'on a fous les yeux, & qui font à découvert, & plus on croit voir le danger d'autres moyens non apparens dont l'objet eft encore caché. „

„ C'eft fur çette miftérieufe combinaifon qu'il importeroit principalement au fpéculateur attentif de fixer fes regards & fes

réflexions. C'eſt elle (ſi elle exiſte réellement)qui doit produire la grande commotion dont on a dit que les ſuites pouvoient
être intéreſſantes aux deux mondes.Les armemens qui ſe font actuellement dans les
ports de la Grande-Bretagne pour l'Amérique & pour l'Inde , peuvent être deſtinés à opérer des déplacemens dans ces ré-
gions éloignées, ſoit qu'il ſoit queſtion des
colonies françoiſes en Amérique, où le
bouleverſement phyſique arrivé dans l'une
d'elles , & les germes de mécontentement
qui ſe font développés dans une autre
pourroient leur facilité des ſuccès ; ſoit
qu'ils ayent pour objet d'aller à main armée ſubſtituer dans les établiſſemens
hollandois aſiaſtiques des défenſeurs anglois à des défenſeurs françois,&conſommer
par cette révolution le retour d'influence
que la cour de Londres vient de regagner
dans le Gouvernement intérieur de la république. „

„ L'armement que la même Cour de Londres annonce vouloir faire paſſer dans la
méditerranée , & qui eſt à ce qu'on croit
effectivement deſtiné à ſe maintenir dans
le port de Canée , pourroit préparer dans
notre Europe, un autre déplacement dont
les ſuites (s'il s'effectue) ſeroient non
ſeulement très prejudiciables au commerce
de la France dans le levant, mais même
avec le tems, deviendroient allarmantes
pour toute la Méditerranée. Pour fixer ſes
idées ſur cette poſſibilité, il n'eſt peut-être

queſtion que de ſe reſſouvenir qu'au commencement de la derniere guerre d'Amérique, lorſque la France & l'Eſpagne ſe déclarerent en faveur de l'inſurrection des colonies ſeptentrionales, il y eut une négociation entamée entre les cours de Londres & de Pétersbourg, pour céder à cette derniere l'Isle de Minorque & le Port Mahon : on en eut l'éveil aſſez à tems à Verſailles & à Madrid pour prévenir l'événement en faiſant le ſiege du fort de S. Philippe. „

„ Cette obſervation ſur le déſir prouvé, qu'avoit alors *Catherine II* d'acquérir un établiſſement dans la méditerranée porteroit à penſer que l'Angleterre n'eſt dans ce moment-ci que le prête-nom de la Ruſſie & que c'eſt pour cette puiſſance qu'elle méditeroit de ſe maintenir dans l'isle de Candie. „

„ Cette prévoyance eſt d'autant plus frappante, que dans le plan du Canal deſſiné de la main même du Czar *Pierre* I pour joindre les eaux du Volga à celles du Tanais, auquel ce Prince fit travailler dès l'année 1696 après s'être rendu maitre d'Aſoph, la marche deſignée des navires de Ruſſie eſt ponctuée juſqu'au delà du détroit des Dardanelles. (*)

On ignore ſi cet ouvrage a été achevé, mais on préſume, ou qu'il eſt reſté imparfait, ou qu'on en a totalement négligé

____

(*) On a vû ce plan en brouillon original.

l'entretien comme inutile, depuis la reftitution d'Azoph aux Turcs, dans la funefte
paix du Pruth en 1711.

Ce qu'on fçait pofitivement, c'eft que
Catherine II quelques mois avant fon voyage
de Tauride, a envoyé des ingénieurs natio-
naux & étrangers fur les lieux mêmes,
& que fur les rapports qui lui ont été
faits, elle a donné des ordres précis d'après
lefquels le canal doit être à fa perfection dans deux ans au plus tard.

On voit qu'au moyen de la communication des deux fleuves, les vaiffeaux Ruffes qui partiroient de la mer Cafpienne,
n'auroient gueres que 200 lieues de navigation pour entrer dans la Mer noire,
par celle de Zabache, & fi dans la guerre
qui vient de fe rallumer entre la Porte &
la Ruffie, les événemens en étoient affez
favorables à cette derniere puiffance, pour
qu'elle pût exiger au traité de paix, la
ceffion d'Azoph, en fe faifant confirmer
la poffeffion de la Crimée, avec la libre
jouiffance du paffage de la mer de Mar-
mara & du détroit des Dardanelles, (dans
la fuppofition que la cour de Londres lui
deftinât l'isle de Candie,) il eft évident que
des vaiffeaux Ruffes fretés & armés dans
le Port d'Aftrakan, pourroient dans une
navigation de 300 ou 350 lieues au plus
tranfporter des peuplades de Calmucks
Torgauts & de Tartares du Jaick à la gorge
du Golphe adriatique, où ils feroient de
dangereux voifins pour le commerce du

levant, & peut-être même pour les ports de la méditerranée.

Les droits que la Cour de Londres auroit acquis sur la reconnoiffance de celle de Pétersbourg, font de nature à intéreffer plus particulierement la France à prévenir de concert avec l'Efpagne, l'éxécution d'un projet qui feroit fi contraire aux intérêts des deux couronnes, s'il étoit auffi vrai, qu'on le juge vraifemblable.

Cette réflexion déjà motivée par ce qui a été dit du Traité de ceffion qui avoit été entamé pour l'Isle de Minorque, acquiert un nouveau dégré de probabilité par la conformité de la marche fuppofée de *Catherine II* avec les vues de *Pierre le Grand.* C'eft à les fuivre que cette Princeffe met fa propre grandeur, & il faut convenir, à la façon dont cela lui a réuffi jufqu'à préfent, qu'elle ne pouvoit pas prendre de route plus fûre pour arriver à l'immortalité.

Le grand objet du voyage que le Czar fit en France en 1717, avoit été de faire entrer cette couronne dans fes vues, en faifant avec elle un traité avantageux de commerce, mais il ne fut pas longtems à reconnoître que la jaloufie de la France fur la Méditerrannée étoit invincible ; Il eft au moins poffible, qu'en fe retournant du côté de l'Angleterre, *Catherine II* parvint au même but par une route différente; ce ne feroit pas la premiere circonftance où cette Princeffe auroit été au de là de fon modele.

Telles importantes que puissent être ces réflexions pour l'avenir politique, il seroit peut-être encore plus instant d'en faire de sérieuses sur les suites d'une combinaison menaçante qu'on a déjà indiquée, & dont les résultats seroient plus immédiats, conséquement bien plus intéressans encore à raison de leur contiguité. „

„ L'habitude où on est depuis longtems de voir les objets sous un aspect d'opposition, qu'on croit permanente, peut inspirer une fausse sécurité.

„ C'est cette sécurité qui vient de perdre le parti patriotique en Hollande , & qui est au moment de remettre complettement la République sous l'influence dominatrice de la cour de Londres, (à moins que des secours proportionés aux besoins dn parti opprimé, ne relevent encore sa confiance, sa force, & son courage.) C'est en écartant jusqu'à la possibilité de l'interposition armée du Roi de Prusse & du concours de l'Angleterre, qu'on a négligé de prendre toutes les mesures propres à prévenir ou à parer les dangers de ce concert; la France en écartant la possibilité de celui dont la menaceroit un armement collectif de l'Empire germanique, peut s'exposer elle-même à des pertes bien sensibles.

Les sieges de Kehl & de Philipsbourg en 1734 rappellent cependant à cette couronne l'époque non éloignée d'une guerre qu'elle soutenoit alors contre l'Empereur

& l'Empire. Il eſt vrai que ſi le même cas arrivoit, la ſomme & l'emploi des moyens qu'elle auroit aujourd'hui contr'elle, ſeroient bien différens de ceux qu'elle eut alors à combattre, mais la grandeur du danger n'en détruit pas l'exiſtence. Cette union eſt indépendante des forces proportionelles qui en réſulteroient; l'intérêt collectif qui l'a formée dans un tems, reſte le même pour la former dans un autre, ſoit que les reſſorts de la puiſſance active des Princes-Unis ſoient auſſi relachés qu'il étoient alors, ſoit qu'ils ſoient auſſi univerſellement tendus qu'ils le ſont aujourd'hui. „

„ Ce ne peut être qu'en s'aſtreignant à la logique la plus ſcrupuleuſe, que l'obſervateur de bonne foi peut percer juſqu'à la vérité. „

„ Il exiſte actuellement une ligue en Allemagne. „

„ Les 50,000 ſubſidiaires de l'Angleterre en ſont une preuve évidente. „

„ Le Roi de Pruſſe eſt le Prince le plus puiſſant & le plus dangereux de cette alliance: l'Angleterre en eſt l'ame. „

„ Le Cabinet de S. James eſt le foyer des réſolutions, & c'eſt aux rayons qui partent de ce foyer central, qu'il convient de s'éclairer ſur les objets qui ne ſont pas encore entierement à découvert.

Ou cette ligue eſt défenſive, ou elle eſt offenſive, & dans l'un & l'autre cas, ou elle eſt contre la France ſeule, ou elle eſt contre l'Empereur feul, ou enfin contre l'Empereur & la France réunis.„

„ Obſervons avant tout, que c'eſt l'Angleterre qui a pris les troupes à ſa ſolde; c'eſt elle qui paye, ce ſera donc l'intérêt de cette puiſſance qui en déterminera l'emploi. „

„ L'intérêt de l'Angleterre, dans la premiere ſuppoſition que la ligue fût défenſive ne peut être, en Allemagne, que d'y mettre l'électorat d'Hanover à couvert d'une invaſion. „

„Cette précaution contre laFrance feule, feroit évidemment ſuperflue. „

„ Contre l'Empereur feul, elle feroit encore (s'il étoit poſſible) plus évidemment inutile. „

„ Ce feroit donc contre l'Autriche & la France réunies que les princes de l'alliance Britannique fe feroient ligués défenſivement. „

„Quel eſt le nouveau traité? le traité inconnu qui a aſſez étroitement reſſerré l'union des deux cours de Vienne & de Verſailles, pour allarmer la cour de Londres, au point de lui faire prendre des précautions aulſi diſpendieuſes? „

„On l'a déjà obſervé; la Grande Bretagne ne peut avoir d'autre intérêt national en Allemagne que celui d'y défendre les états Electoraux de ſon roi; ce ne pourroit être que pour cela que ſon parlement décerneroit des fubſides; les inquiétudes de l'Angleterre à cet égard ne peuvent certainement pas porter directement fur le chef de l'Empire, ce feroit donc fur la France fon alliée qu'elles porteroient. „

„ Mais le cabinet de Saint-James n'ignore pas qu'il n'eft aucun cas poffible (celui feul d'une guerre contre l'Empire excepté) où la France pût & ofât faire paffer le Rhin à fes troupes fans y être appellée par l'Empereur & l'Empire même ; & ce n'eft furement pas le cas préfent. „

„ Le renouvellement de l'échange de la Baviere auquel la France a pu fe prêter, même en prenant l'engagement d'y concourir de toutes fes forces, ne feroit-il pas un motif affez puiffant pour avoir déterminé la réunion des troupes de tous les princes qui font entrés dans l'affociation dont *Frédéric II* a été le promoteur ? „

„ On convient que tous les Princes dont la cour de Londres vient de prendre les troupes à fa folde, peuvent avoir un grand intérêt à maintenir l'affociation défignée en Allemagne par le nom de *Furftenbund*. Il leur importe fans doute, ou du moins ils peuvent croire qu'il leur importe, de s'oppofer à une augmentation de puiffance qui pourroit un jour menacer leur fouveraineté individuelle & même la liberté collecive. „

„ Mais plus cet intérêt eft, ou pourroit être réel pour chacun d'eux, moins il auroit befoin d'être excité par des fubfides : Pourquoi feroit-ce la nation qui n'a originairement pris aucun engagement dans cette affociation, qui en feroit les fraix? „

„ Et quel prix la France recevroit-elle de l'Empereur pour fa déférence, & pour fon concours, dans la confommation d'une affaire qu'elle a jugée dans d'autres tems fi contraire à fon intérêt perfonel? „

„ Ce ne peut pas être la ceffion des Pays-Bas, au moins en totalité; puifque ces pays doivent fuivant l'état de la queftion même, être échangés; il n'en pourroit donc être fait qu'une diftraction partielle en faveur de la France. „

„ La cour de Londres fait parfaitement d'abord, que par le 2me article du traité de la Barriere, il eft expreffément convenu *qu'aucune partie du territoire des Pays-Bas, ne pourra jamais écheoir à la couronne de France, ni à aucun Prince de fa lignée:* „

„ Mais, fans tirer avantage dans le raifonnement, de la claufe formelle d'un traité au deffus duquel la Politique moderne pourroit peut-être s'élever relativement à cet engagement, comme elle a fait fur ceux qui avoient été pris par les articles III & IV du même traité; on obferve que cette offre de la part de l'Empereur n'a pas changé de nature depuis le premier voyage que ce prince a fait en France; & il femble que fi elle avoit pû & dû avoir lieu, c'eft à cette époque qu'elle auroit été faite de préférence & que c'eft auffi à cette époque qu'elle auroit été acceptée, fi elle avoit dû l'être. Si elle n'a point été faite alors, ou qu'elle ait été éludée; il n'eft pas vrai-

femblable que les mefures prifes par la
France dans la courte guerre qui a précé-
dé le traité de Tefchen, ayent infpiré affez
de confiance à *Jofeph II* pour l'avoir engagé depuis à en faire ou à en renouveller la
propofition, „

„ On convient que s'il exiftoit effectivement un traité entre la cour de Vienne &
celle de Verfailles, au moyen duquel la
France dût acquérir, (même une partie des
Pays-Bas) la cour de Londres auroit un
affez grand intérêt à s'y oppofer, pour
pouvoir, en payant un corps auffi confidérable de fubfidiaires, régler & déterminer
leurs mouvemens fur les points où il lui
conviendroit de le faire; „

„ Mais de tous les moyens que les deux
cours de Vienne & de Verfailles auroient
eu à leur difpofition pour effectuer le traité
qu'on fuppofe qu'elles auroient conclu, il
n'y en avoit point de plus fûr pour
mettre la France en état de foutenir fa
prife de poffeffion, que de concourir à lui
conferver l'influence qu'elle étoit parvenue
à gagner en Hollande, & l'Empereur eft
trop éclairé pour n'avoir pas prévu qu'en
ne s'oppofant point à la marche de M. le
duc de Brunfwick, & en approuvant les
réfolutions qui lui avoient été communi-
quées par S. M. Pruffienne même, la réintégration de la puiffance ftathoudérienne,
devoit, ou pouvoit au moins, à la faveur
de cette interpofition, rendre à la cour de
Londres toute fon ancienne influence fur

la République, & que ce moyen de plus, doubleroit fes forces pour empêcher que le traité avec la France n'eût fon exécution. „

„ La non-conformité de la marche de la cour de Vienne dans cette affaire, paroît être une preuve évidente de l'inexiftence du traité fuppofé entre les deux Cours. „

„ Ce ne feroit donc plus alors pour s'y oppofer que la Grande Bretagne auroit formé une ligue défenfive. „

„ Il n'eft pas hors de propos de remarquer que le Général *Faucit* a figné fes traités de fubfides dans les derniers jours de feptembre & le premier d'octobre. M. le duc de Brunfwick donnoit déjà la loi en Hollande, & le fuccès de l'expédition de ce prince devoit rendre les mefures de précaution d'autant plus fuperflues, que le parti pris de tout prévenir en attaquant, avoit déjà complettement réuffi.

La ligue payée par l'Angleterre ne pouvoit donc être défenfive, dans aucun des cas de défenfe imaginables, ni contre la France feule, ni contre l'Empereur feul, ni contre l'Empereur & la France réunis. „

„ Il faut donc en venir à regarder la même ligne comme offenfive, & dans ce fecond cas, c'eft encore la France feule, l'Empereur feul, ou la France& l'Empereur réunis que l'Angleterre fe propofe d'attaquer. „

„ En voyant toutes les troupes fubfidiaires de l'Angleterre dans la main du
roi de Pruffe, ce furcroit de moyens réunis à ceux d'un prince déjà auffi redoutable
de fon propre fond, ne laiffe aucun doute
fur tout le parti que ce Prince en pourroit
tirer, foit pour conferver les conquêtes
que fon prédéceffeur a faites fur la maifon
d'Autriche ; foit pour en faire peut-être lui-
même de nouvelles ; „

„ L'intérêt de *Frédéric Guillaume* eft évident dans cette fuppofition ; mais on cher-
cheroit en vain celui qu'auroit ou pourroit
avoir la Grande Bretagne, pour concourir
à fi grands fraix à la fatisfaction ou à la
gloire de fon allié. „

„ La ligue offenfive foudoyée par l'Angleterre n'eft donc point dirigée contre
l'Empereur feul. „

„ Si c'eft contre l'Empereur & contre la
France réunies, on redemande encore à
quel titre ? pour quel fujet ? et furtout quel
intérêt peut avoir la grande Bretagne qui
paye, pour prévenir par une attaque combinée la communication de deux alliés dangereux dont elle craint & veut prévenir
la réunion, précifément dans le tems où
l'un de ces deux alliés porte fes plus grands
moyens fur le Danube. „

„ On conviendra du moins que cette
énorme diftraction de forces, n'annonce
pas de la part de l'Empereur le foupçon d'une attaque auffi imminente de la
part de l'Angleterre & de fes alliés ; & ce

foupçon feroit cependant naturel, fi par une liaifon étroite telle qu'on la fuppofe il avoit pu y donner lieu. „

„ On n'ignore point que malgré l'apparat énorme des forces militaires que *Jofeph II* déploye en ce moment fur les frontieres Ottomanes, celles qui reftent encore à ce Prince au centre de fes Etats, & qu'il vient d'augmenter, font affez impofantes pour le mettre au deffus des craintes d'une aggreffion quelconque, furtout dans la combinaifon fuppofée convenue de ces troupes avec les armées Françoifes ; „

„ Mais quelle feroit la communication poffible entre les unes & les autres ? & l'intervalle qui s'oppofe à la concentration des moyens, n'eft-il pas en même tems un indice marquant contre l'intimité & l'uniformité des vues qu'on fuppoferoit aux deux cours de Vienne & de Verfailles. „

„ Mais en même tems que l'Empereur a donné au Feld-Maréchal de *Lafcy* fur le Danube, le commandement général des troupes qu'il paroît que S. M. Impériale s'eft refervé de prendre elle-même en chef, le Feld-Maréchal de *Laudon* a reçu l'ordre de fe mettre à la tête d'une autre armée autrichienne qui s'eft raffemblée en Bohême & en Moravie, & on ne voit pas que rien puiffe empêcher cette même armée en fe réuniffant les troupes Bavaroifes, Palatines Würtzbourgeoifes & celles de quelques autres Princes des cercles de

Franconie, de Souabe & du Haut-Rhin, de communiquer avec la France par l'Alface ? „

„ On ne peut fe refufer à cette poffibilité, & c'eft précifément fur cette poffibilité démontrée qu'on croit qu'il eft de la plus grande & de la plus inftante néceffité de voir parfaitement clair.„

„ Cette communication eft poffible fans doute ; elle eft même naturelle ; & elle peut être affurée par un traité dans des vues d'utilité réciproques aux deux cours, on en convient[encore.] „

„ Mais dans le cas où il n'y auroit point de traité, la même communication avec la France par l'Alface refteroit encore ouverte à l'armée Autrichienne réunie aux mêmes troupes Bavarroifes, Palatines &c. , & dans ce dernier cas, on fentira auffi combien elle pourroit être dangereufe contre la France feule. „

„ On ne peut s'empêcher de revenir encore fur une obfervation qu'on a déjà indiquée. „

„ Si la France & l'Empereur étoient convenus enfemble de l'emploi refpectif de cette même communication pour s'oppofer aux efforts combinés du Roi de Pruffe & de l'Angleterre contre leur alliance ; Quel rôle auroit joué & joueroit encore dans ce moment-ci le Général *Murray* avec les autrichiens qui font à fes ordres? comment ce corps, dans des difpofitions d'hoftilités auffi prochaines entre fon maître & le Roi de Pruffe eft-il refté auffi tranquille pendant la marche des 20,000 Pruffiens aux ordres de Mgr. le Duc régnant de *Brunfwick?* quelles difpofitions de retraite, d'attaque, ou de défenfe ce Général a-t-il faites? Pourquoi même n'en fait-il pas davantage, depuis qu'il a été inf-truit que les troupes pruffiennes déjà en Hollande, y reftoient, que d'autres corps pruffiens s'en approchoient, & que l'armée fubfidiaire, formant une feconde ligne à Hildesheim étoit autant en mefure de fe porter fur le Bas-Rhin & même fur la baffe-Meufe? Pourquoi dans ce moment-ci, qui feroit fi inftant (dans le cas d'une al-liance étroite entre les deux cours, de Vienne & Verfailles, donne-t-on congé à trois mille foldats, dont le tems eft fini? Pourquoi le corps autrichien ne fe réunit-il pas aux françois, ou plutôt pourquoi les françois ne fe réuniffent-ils pas aux Autri-chiens pour prévenir leurs ennemis com-muns? Pourquoi furtout, lorfque la France a *notifié fes réfolutions*, l'Empereur n'a-t-il rien *notifié* qui aunonçât une parité de vues avec la France? l'embarras où on fe trouve pour fe donner des réponfes fatisfaifantes à ces différentes queftions, détermine forcément à reporter fes regards fur le paffé pour effayer d'y trouver un fil à l'aide duquel on puiffe fe guider dans le labirinthe des fpéculations pré-fentes. „

„ On remarque d'abord qu'Erneft de

Brunſwick en faveur duquel *Léopold* créa le neuvieme Electorat, crut devoir ſignaler ſa reconnoiſſance par l'engagement ſolemnel qu'il prit en ſon nom & en celui de ſes ſucceſſeurs de ne ſéparer jamais ſon vœu, dans ce qui concerneroit les affaires de l'Empire, de celui de l'Auguſte maiſon d'Autriche ; cet engagement ſubſiſte & n'a jamais été révoqué ; „

„ On ſe rappelle la longue intimité des trois cabinets de Vienne, de Londres & de Pétersbourg. „

„ On obſerve que malgré la guerre de ſept ans qui a ſuivi le traité de 1756, cette intelligence des trois cabinets, (quoique néceſſairement moins manifeſtée) n'avoit cependant jamais été entierement rompue. „

„ On n'oublie point ce qu'on a vû & ce qu'on a dit de la confiance & même de l'amitié perſonelle dont *Joſeph II* a toujours honoré le Lord *Stormont* pendant tout le tems de ſon ambaſſade à Vienne, & cette conſidération ramene encore aux ſoupçons qu'on avoit conçus en 1781 ſur un des objets eſſentiels du voyage de l'Empereur à Pétersbourg. C'eſt de cette époque qu'on ſeroit aſſez porté à dater la négociation ſecrete du parfait retour des trois cabinets à leur ancienne intimité. „

„ La conformité actuelle de la marche des deux cours Impériales eſt au moins un indice de leurs diſpoſitions reſpectives avec celle de Londres. „

„ Il ne paroitroit pas impoſſible que

c'eût été dès le même voyage de l'Empereur à Pétersbourg, qu'on eût commencé à calculer éventuellement fur la mort prochaine de *Frédéric II*, & que la cour de Londres fe fût chargée de préparer les voies pour changer totalement le fiftême de la conr de Berlin, fous le regne de fon fucceffeur. „

Il eft certain au moins que les fimptômes de rapprochement entre les deux maifons d'Autriche & de Brandebourg ont toujours été en augmentant depuis l'avenementde *Frédéric Guillaume* au trône. „

„ Soit que les foupçons qu'on a annoncés fur les deux voyages miftérieux de M. le Duc de Saxe-Weymar foient fondés ou non, Il eft fûr qu'à dater de l'époque du premier, l'intelligence la plus confidente s'eft établie entre les cabinets de S. James & de Berlin, & que depuis la date de la poffibilité de la conférence de l'Augarten, tous les indices comme tous les raifonnemens prêtent également à l'idée d'un concert d'autant plus inquiétant, qu'il fembleroit que la plus fincere confiance auroit remplacé le fentiment contraire dans les deux monarques. „

„ On a remarqué que pendant tout le tems des négociations qui fe faifoient à Londres pour les affaires de Hollande, les couriers expédiés par le cabinet de S. James partoient en même tems pour les deux cours de Vienne & de Berlin, & cette conformité d'expédition dans la même affaire eft un préjugé au moins vraifemblable de la parité d'inté- rêt. „

„ A la façon dont les affaires de l'infur- rection Brabançonne fe font terminées, il eft évident que dans le tems que l'Empe- reur faifoit marcher 60,000 hommes vers les Pays-Bas, il étoit le maître d'ufer de la même indulgence qui lui a rendu auffi doucement depuis le cœur & la foumiffion de fes fujets Belgiques. Puifque ce moyen fi fimple étoit le meilleur à prendre, il eft à préfumer que c'eft celui que cet habile Prince auroit pris d'abord : Il falloit donc que les 60 mille hommes de troupes qui fe portoient entre l'Efcaut & la Meufe euffent une autre deftination interne, que celle ap- parente de réduire les infurgens. „

„ On reporte encore fes regards en ar- riere fur la pofition refpectivement latérale où fe feroient trouvés les corps d'armée Pruffienne & Autrichienne à la gauche du Rhin, fans la nouvelle inattendue qui a fait rétrograder les Autrichiens vers le Danube ; l'œil militaire croit toujours voir dans cette pofition (qui étoit pourtant alors néceffairement décidée) une démonftra- tion non équivoque (finon d'un concert pour le même objet) au moins de la con- fiance égale avec laquelle les deux princes fe propofoient de fuivre chacun de fon côté leur opération, & il eft bon d'obferver en- core que dans cette marche fimultanée, il y avoit néceffairement un point déterminé

de

de réunion, lorsque le succès des armes Borusso-stathoudériennes auroit donné au roi de Prusse le droit d'influer souverainement sur les résolutions finales de la République. „

„ On ne le croit pas ; mais s'il étoit vrai, comme on l'a dit, que ce soit l'ambassadeur Britannique à Constantinople qui ait opéré la résolution du Divan, il feroit encore possible que l'objet du cabinet de Saint-James dans cette marche oblique, eût été de déterminer irrésistiblement *Joseph II*, par l'embarras momentané du parti qu'il lui conviendroit de prendre, à s'en remettre avec confiance pour ses intérêts les plus chers sur l'Escaut, à la fidélité avec laquelle le roi de Prusse rempliroit à cet égard les arrangemens convenus entre ce prince & lui, sous la garantie de l'Angleterre. „

„ Quoi qu'il en soit, il est plus qu'apparent que s'il étoit resté à l'Empereur quelqu'inquiétude sur l'abus que pourroit faire *Frédéric Guillaume* de la présence de M. le duc de Brunswick & des troupes prussiennes en Hollande, pour y déterminer l'arrangement final dans un sens contraire à ses vues, il n'auroit pas négligé de mettre son général *Murray* en état de le surveiller ; car on persiste à croire qu'un des objets réels de cet arrangement final de l'affaire de Hollande, est pour l'empereur, d'y terminer une bonne fois à son avantage l'affranchissement de l'Escaut. „

„ Si le parti qu'a pris l'Empereur en ne

P

laiſſant que le même nombre de troupes dans ſes états Belgiques, eſt effectivement (comme il feroit bien difficile de s'y refuſer) une preuve marquée de la confiance de ce Prince dans l'Angleterre & ſon allié, comment concilier cette même confiance avec la deſtination ſuppoſée à la ligue ſoudoyée en Allemagne, pour attaquer la France & l'Autriche réunies ? Ce feroit donc contre la France ſeule que la cour de Londres auroit formé un armement auſſi dangereux.

Et cette même cour de Londres feroit d'un autre côté, dans des termes de confiance intime avec la cour de Vienne ? „

„ Quelle ſuite de poſſibilités à prévenir, s'il faut enfin conſidérer la ligue payée par l'Angleterre ſous cet aſpect ! „

„ S'il exiſtoit depuis longtemps un plan conçu d'abord par l'amour de la gloire, & enſuite réfléchi par l'ambition. „

„ Si ce plan avoit été ſaiſi par la rivalité d'abord, & depuis médité par la vengeance, ſur l'intérêt perſonel qu'on auroit vu à appuyer l'intérêt commun & collectif qui l'adopteroit. „

„ Si la poſſibilité de l'exécution de ce plan eût dépendu de la vie d'un ſeul homme qui n'eſt plus. „

„ Si depuis la mort de cet homme, on avoit conſtamment préparé & raſſemblé tous les moyens les plus propres à concourir au ſuccès de l'exécution méditée. „

„ Si le petit nombre & l'état des perſonnes qui font entrées dans la confidence, en affurant le fecret du projet, marquent en même temps toute l'importance qu'on mettoit à le garder. „

„ Si l'exécution de ce plan devoit écarter tous les obftacles qu'on avoit oppofés à un arrondiffement effentiel qu'on défire. „

„ Si ce même plan, au contraire, devoit faciliter par fon exécution ce même arrondiffement, & le rendre défirable à ceux mêmes qui s'y étoient les plus oppofés, par d'autres arrondiffemens de la même convenance, & les différens rapprochemens des poffeffions éparfes des différens Etats des Princes de l'Empire Germanique. „

„ Si l'arrangement ftable & définitif des affaires de Hollande, avec les prétentions refpectives qui y font annexées, étoit remis à l'exécution du même plan. „

„ Si le concours fingulier de toutes les circonftances intérieures & extérieures d'un pays, étoit, ou paroiffoit du moins le plus favorable à l'exécution de ce qu'on auroit médité. „

„ Si ce plan étoit encore dans ce moment-ci affez voilé, pour qu'une partie de ceux mêmes qui fe font engagés pour y concourir efficacement, ignore le véritable objet auquel leurs forces font deftinées. „

Si ce plan, fi propre à tenter fous l'afpect d'utilité, étoit peut-être encore plus conforme aux grandes vues d'un prince

qui y verroit la gloire d'avoir été au delà
de celle du traité de Westphalie, en signa-
lant son regne par une constitution solem-
nelle & fondamentale où les droits & les
possessions de toutes les maisons souveraines & Etats du grand corps Germanique
seroient invariablement déterminés & assurés. „

„ Si ce plan pouvoit être d'autant plus
dangereux pour la puissance contre laquelle
il seroit dirigé, qu'on se seroit proposé
lorsque le moment seroit venu de l'annoncer publiquement, de ne le faire que comme un devoir dicté impérieusement par
l'amour du bien public, & déterminé par
l'équité. „

„ Si pour fixer l'opinion publique à envisager l'exécution du plan sous cet aspect,
après avoir déployé tous les moyens qui
seroient préparés pour exiger & arracher
en cas de refus, on devoit cependant commencer par une réclamation amicale d'anciens patrimoines originaires, enlevés par
la force à la foiblesse, dans des tems malheureux de désunion & d'intérêts particuliers mal entendus. „

„ Si en se félicitant du retour de la con-
corde entre le chef & tous les membres,
on se déclaroit formellement, en indiquant
& spécifiant des objets très considérables,
dont le recouvrement seroit jugé indispensable par le corps collectif qui auroit si
longtems souffert de cette *avulsion*. „

„ Si ce n'étoit qu'à la condescendance

(229)

qu'on marqueroit pour ces efpeces de refti-
tutions indiquées, qu'on dût offrir de confirmer la confervation de jouiffance, & la
poffeffion de ce qu'on ne réclameroit pas. „

„ Si enfin toutes ces fuppofitions poffibles, étoient au moment de fe réalifer, &
qu'elles fuffent deftinées à être la matiere
des négociations de l'hyver où nous allons
entrer. „

„ Quelle feroit la réponfe de la puiffance à laquelle la réclamation s'adreffe-
roit ? „

„ On l'ignore. Mais on penfe qu'il y auroit encore un moyen de la prévenir & d'en
éluder l'embarras, en en rendant refpon-
fable dans le moment même, la puiffance
qui auroit le plus effentiellement concouru
à la formation de cette ligue, & employé
fes finances à en affurer le fuccès. „

„ C'eft fur l'Angleterre qu'il conviendroit de réunir toute fon activité, quand
on le peut encore, & qu'il eft à *prévoir*
qu'avant peu, les moyens qu'on auroit de
le faire, auront forcément une autre deftination. „

„ *Charles XII* pouvoit être étonné de la
ligue du Nord; il jugea qu'elle étoit trop
bien formée pour la divifer; il marcha au
Dannemarck. Ce qu'il fit fur le Sund, eft
peut-être ce qu'il y a à faire fur la Tamife;
l'état actuel de la marine françoife & le
nom des commandans dans lefquels le Roi a
placé fa confiance, éleveroient d'autant
plus la confiance nationale, dans un mo-

ment de crife auffi intéreffante que celle qui vient d'être difcutée, que les fuccès fur cet élément peuvent être affez rapides pour forcer la même main qui auroit fait le mal à y appliquer le remede. „

P. S. Si aucune de ces fuppofitions n'é-toit vraie, ce feroit peut-être encore ce qu'il y auroit de mieux à faire.

MANIFESTE

de la Porte Ottomane contre la Ruffie.

„ Après qu'en l'année 1774, la confidé-ration de la tranquillité. & du repos public des deux empires eût fait préférer la paix entre la Sublime Porte & la cour de Ruffie, cette derniere n'a ceffé depuis cette épo-que de mettre en avant différentes propo-fitions peu amicales, onéreufes & contrai-res aux traités & conventions fubfiftant entre les deux nations: Elle a non-feule-ment envahi à l'improvifte la Crimée dont l'indépendance avoit fait la bafe de la paix de Kaynardgy, & en vertu de laquelle on étoit convenu expreffément, que pour prévenir tout différent entre les deux cours, on ne fe permettroit de part & d'autre, ni ouvertement, ni fecretement aucun fait qui pût donner atteinte aux ar-

ticles ftipulés dans ledit traité ; mais encore la cour de Ruffie a gagné & excité le
Kan de Teflis à fe fouftraire à la dépendance & à fon état de vaffal de la Porte,
en faifant occuper même la ville de Teflis
par des troupes Ruffes & en troublant
ainfi la Géorgie & les frontieres des envi-
rons fans témoigner aucun égard aux plain-
tes & remontrances réitérées qui lui
avoient été faites à ce fujet de la part de
la Sublime Porte. „

„ Dans le même traité, la libre exportation, du fel des falines d'où les habitans
d'Oczakow, ainfi que ceux des frontieres
ont tiré leurs provifions depuis un tems
immémorial, avoit été formellement ftipu-
lée en faveur de ces habitans ; Cependant
ils en ont été conftamment empêchés jufqu'ici par les avanies & les vexations qu'ils
ont eu à effuyer de la part des Ruffes, malgré les repréfentations fréquentes qui leur
ont été faites à ce fujet. „

„ De plus la cour de Ruffie a manifefté
en plufieurs autres occafions fes mauvaifes
intentions envers la Porte Ottomane, comme en fe refufant abfolument à la réclamation conforme aux traités, que celle-ci lui
avoit faite de la perfonne de l'Hofpodar
de Moldavie, transfuge des Etats du grand-
Seigneur, & qui, après que fon évafion
avoit été concertée & facilitée par le con-
ful Ruffe, a trouvé un azile & une retraite
affurée dans ceux de Ruffie. En établiffant
en outre des confuls en Valachie, en Mol-

P 4

davie, dans les Isles & autres lieux, fans
la moindre néceflité apparente , uniquement pour porter préjudice aux marchands
Mahométans & débaucher les fujets de la
fublime Porte , dont ces confuls ont fait
paffer un grand nombre en Ruflie, où ils
font employés ou dans la marine ou dans
d'autres départemens de cet empire. Enfin
en fe mêlant fans néceflité dans les affaires
intérieures de notre Gouvernement, jufqu'à demander la dépofition & le châtiment
des Pacha, des juges, des commandans,
des employés dans les douanes & même
du Pacha de Cildir & des Princes de Moldavie & de Valachie. „

„ Outre cela tout le monde fait avec
quelle facilité la Sublime Porte a accordé
aux marchands Ruffes le libre & sûr exercice de leur commerce, en leur permettant
de parcourir les divers lieux de l'empire à
leur volonté : On connoît auffi les ftipulations qui portent, que les fujets négocians
de la Sublime Porte feront traités de même
par une jufte réciprocité : Mais la cour de
Ruflie, pour attirer à elle tout le commerce,
a obligé les fujets de la Sublime Porte au
paiement d'un impôt plus fort que celui
qu'elle exige des fujets des autres puiffances ; & les propriétaires de nos vaiffeaux
marchands , lorfqu'ils veulent recouvrer
dans les villes ruffes ce qu'on leur doit, ne
peuvent avoir la permiffion de traverfer
les Provinces ; & de cette façon on les
empêche de faire valoir leurs prétentions.

La plupart de ces marchands ont été obli‑
gés de revenir fur leurs pas, à leur grand
dommage ou à leur ruine abfolue, & on en
a fait difparoître d'autres fans qu'on fache
ce qu'ils font devenus. „

„ Lorfque les négocians, fujets de la fu‑
blime Porte, forcés par la tempête ou par
quelque befoin, comme celui de faire ai‑
guade, veulent s'approcher des ports de
Ruffie, on les en empêche en tirant à balle
fur leurs équipages; & on a même tiré des
coups de canon fur nos vaiffeaux qui vont
& viennent de Soudijoukecalé., „

„ En dernier lieu le miniftre de Ruffie
nous a excités à la guerre, en infiftant, *ex
officio* auprès de la Sublime Porte, pour
qu'elle rendît une piece qui contient avec
tous fes autres articles, celui qui concer‑
ne le Kan de Teftis; avec menace, en cas
de refus, que le prince *Potemkin*, à la tête
de 60 à 70 mille hommes alloit s'approcher
de nos frontieres pour nous forcer à l'exé‑
cution de ladite demande, & que l'impé‑
ratrice de Ruffie y viendroit en perfonne.
Comme la notification d'un pareil ordre
donné au général *Potemkin* de s'approcher
de nos frontieres avec une fi grande armée,
eft la répétition de la même conduite que
tint la cour de Ruffie, lors de l'invafion de
la Crimée, cette notification de fa part,
ajoutée aux précédentes démarches, con‑
traires à l'amitié, a fait perdre confiance
en elle, & a manifefté fes mauvaifes inten‑
tions. Et comme la principale caufe de

çe manque de confiance venoit de ce que la Crimée reſtoit au pouvoir de la Ruſſie, la Sublime Porte a témoigné à ſon miniſtre le déſir de conſolider l'amitié entre les deux cours, moyennant qu'en vertu d'un nouveau traité de paix la Crimée fût remiſe dans le même état où elle étoit auparavant. Le miniſtre de Ruſſie fit à cette propoſition une réponſe abſolument négative ; ajoutant qu'il n'écriroit point là deſſus à ſa cour, attendu qu'il n'en réſulteroit aucun effet, & qu'elle ne pouvoit ni renoncer à la Crimée, ni accorder les articles qu'elle avoit déjà refuſés. „

„ Par ces raiſons & par d'autres ſans nombre, tant publiques que ſecretes, la guerre eſt devenue pour les Muſulmans un devoir religieux & indiſpenſable. „

„ C'eſt pourquoi on a jugé à propos de faire parvenir ce manifeſte au reſpectable, eſtimé & notre ancien ami ſincere, le roi de...., afin de notifier & faire connoître à notre dit ami, la détermination que la Sublime Porte a priſe de faire la guerre à la cour de Ruſſie ; détermination qu'on ſoumet à ſa mûre conſidération, accompagnée d'un regard de diſcrétion & d'équité. „

Observation du 26 Octobre 1787.

„ Sans entrer dans le détail des griefs accessoires que la Porte déduit dans ce manifeste, on fixe particulierement son attention sur les trois motifs principaux qui paroissent avoir essentiellement déterminé les dernieres résolutions du Divan. „

„ Ces trois motifs sont, l'invasion improviste de la Crimée, l'insurrection du Czar *Héraclius*, & enfin l'exigence impérieuse faite *ex officio* par le ministre Russe au nom de sa souveraine, avec menace en cas de refus, de la faire soutenir par le prince *Potemkin* à la tête d'une armée de 60 ou 70 mille hommes. „

„ C'est sur cette derniere notification qu'il paroît que la Sublime Porte a jugé qu'il étoit indispensablement de son honneur & de sa religion de déclarer la guerre à la Russie. „

„ A la notoriété des deux premieres de ces imputations, on ne peut guere douter que la troisieme ne soit également vraie. Il est au moins vraisemblable que *Catherine II* accoutumée à la longue déférence du ministere Ottoman à toutes ses volontés, a mis dans sa derniere proposition le ton comminatoire qui, jusqu'à ce moment, lui avoit si bien réussi, & dans ce cas, il paroîtroit aussi fort naturel, que l'orgueil du Divan eût été assez révolté de cette der-

humiliation, pour prendre de lui-même, une réfolution vigoureufe, fans avoir befoin d'y être aiguillonné par aucune cour étrangere. „

„ On conçoit cependant, que dans l'état préfent des affaires de l'Europe, cette grande levée de bouclier dans le Levant, devant néceffairement avoir des relations avec tout ce qui fe prépare au Nord & au couchant, les miniftres de toutes les puiffances de l'Europe à Conftantinople, & furtout ceux de France & d'Angleterre doivent avoir fuivi cet événement avec autant d'activité que d'attention. „

„ Il paroît même impoffible que MM. de *Choiseul* & *Ainslie*, éclairés fur le reflet qu'auroient néceffairement les difpofitions où ils voyoient le Divan. (au moins depuis quelque tems) n'ayent employé toute leur adreffe à les tourner à l'avantage des vues de leurs cours refpectives. „

„ Il eft donc plus que probable que des moyens incitatifs ont été employés avec fuccès fur l'efprit du Vifir & des autres miniftres de la Porte par l'un ou l'autre des deux ambaffadeurs; & dans ce cas, il eft encore très fimple que l'un ou l'autre ait affez habilement dérobé fa marche, pour fe mettre au deffus du reproche que les deux cours impériales auroient à faire à celle qui auroit excité la Porte à la guerre. „

„ C'eft fous le voile qui couvre encore dans ce moment-ci MM. de *Choiseul* & *Ainf-*

lie, qu'eſt caché le véritable inſtigateur, (s'il y en a eu un) & il importeroit d'autant plus de lever ce voile, que cette découverte, malgré l'éloignement apparent des rapports, pourroit découvrir en même tems de très grands deſſeins, avec leſquels les motifs qui ont déterminé la conduite de l'un ou de l'autre des deux miniſtres, ont néceſſairement une correſpondance qui doit être d'un très grand intérêt. „

„ Pour ſe dégager de l'incertitude où jettent les imputations & les défaveux reſpectifs que ſe renvoyent les deux cours & les deux Miniſtres, l'obſervateur de bonne foi croit devoir s'appuyer de quelques réflexions qu'il juge les plus propres à l'approcher de la vérité. „

„ Il remarque d'abord, que l'époque du Manifeſte eſt préciſément celle où une grande partie des troupes autrichiennes ſe portoit dans les Pays-Bas ; que ces troupes rendues à leur deſtination, (tel que pût être le motif qui auroit déterminé leur marche) y feroient ou un objet d'inquiétude, ou au moins une occaſion de dépenſe pour la puiſſance limitrophe, par les meſures proportionnelles qu'exigeroit un voiſinage de cette nature & il préſume avec quelqu'apparence, qu'une réſolution qui devoit faire prendre à l'Empereur celle de faire rétrograder ces mêmes troupes vers le Danube, étant le moyen le plus naturel pour prévenir les inquiétudes & les dépenſes qu'elles auroient néceſſaire-

ment occafionnées fur l'Efcaut, il eft vraifemblable que le miniftre de la cour qui
devoit gagner à ce changement de direction, doit être celui qui de préférence auroit influé fur la déclaration fubite de la
Porte, (fi tant eft que l'un des deux y ait
eu effectivement part) & il eft clair que
cet objet à remplir ne pouvoit pas regarder la cour de Londres, au lieu qu'il pouvoit être fort intéreffant à la France. „

„ Si par un concours bifarre, mais cependant poffible, les deux ambaffadeurs fe
trouvoient avoir été par la même route, à
un but différent, ce rafinement de politique
de la part du cabinet de Saint-James, en
rentrant dans la marche qu'on a déjà indiquée, n'écarteroit pas encore tout à fait
le foupçon de ce que M. de *Choifeul* auroit
fait de fon côté, pour feconder fans le vouloir, fon antagonifte. „

„ On obferve furtout, que le manifefte
(au moins à en juger par les papiers publics) a été remis d'abord à l'ambaffadeur
de France, comme au miniftre de l'*ancien*,
refpectable, eftimé & *fincere* allié de la
Porte. „

„ Deux de ces dénominations, & particulierement la derniere paroîtroit convenir
à la France exclufivement à l'Angleterre:
furtout lorfqu'il eft queftion d'une déclaration de guerre contre la Ruffie, & que le
Divan n'ignorant pas que dans celle qui a
fini par le traité de Kaynardgi, c'eft dans
la marine angloife que la flotte ruffe avoit

pris quelques-uns de ſes officiers, que c'eſt dans les ports Britanniques à ſon paſſage dans la Manche, qu'elle avoit trouvé des Pilotes expérimentés & qu'elle s'étoit pourvue de tous les avitaillemens qui lui avoient été néceſſaires pour ſon expédition de l'Archipel, il a dû préſumer que les mêmes ports ſeroient encore ouverts à la même puiſſance dans la guerre préſente, & qu'elle y trouveroit les mêmes ſecours ; il faut avouer que ces procédés ſe concilient difficilement avec ceux d'une alliance & d'une amitié *ſincere*.

„ D'un autre côté, quoique l'intérêt que la France a pris dans tous les tems & dans tous les cas aux affaires de Turquie, n'ait pas toujours été parfaitement en évidence, qu'il y ait même eu un moment, où la politique de cette cour avoit exigé d'elle, qu'elle joignît un corps de ſes troupes à celles de la maiſon d'Autriche, & que ce corps même ait effectivement concouru alors au gain de la bataillle de Saint-Gothard, on ne peut ignorer que le vœu intérieur du cabinet françois n'a jamais ceſſé d'être pour la Porte ; & la part qu'a eue l'ambaſſadeur de cette nation, il y a déjà quelques mois, dans la diſtribution qui a été faite d'officiers françois, principalement du génie & de l'artillerie, dans les villes d'Oczakow, d'Orſowa, & même de Belgrade ; les écoles aſſez publiques que des françois ont tenues à Conſtantinople même, pour former des ſoldats, & ſurtout des artilleurs, ſans parler

de plufieurs marins auxiliaires qui fe font
répandus fur quelques-uns des vaiffeaux
Turcs, dévoilent trop clairement dans ce
moment même, le dégré de confiance qui
doit être entre le cabinet de Verfailles &
le Divan, pour qu'on puiffe raifonablement
s'y méprendre. „

„ On fait parfaitement bien que ces fortes de fecours ne font pas publiquement
avoués, mais la tolérance feule fuffiroit
pour décéler la *fincérité de l'alliance* qui to-
lere avec autant d'indulgence un zele qui
peut être auffi utile. „

„ il eft difficile, en confidérant ces difpofitions refpectives, d'héfiter fur le côté
d'où peut être venue l'influence.

„ C'eft d'après ces obfervations, que dès
les premieres nouvelles du parti que la
Porte avoit pris, on avoit indiqué (*) la
part que la France pouvoit avoir eue à ce
retour inattendu de vigueur, & la lecture
réfléchie du manifefte n'eft pas propre à
détruire cette opinion. „

(*) Page 72.

TABLE

DES MATIERES

Du premier Volume.

LETTRES.

MÉMOIRES.

NOTES

ET

OBSERVATIONS.

ERRATA.

Du premier volume.

Page	Ligne	
3	28	ne leur reprochât, *lisez* elle ne leur reprochât.
27	26	de son peuple Belgique *lisez* de ses sujets Belgiques.
28	7	ce mot *lisez* le mot.
29	24	son nouvel allié, *lisez* sa nouvelle alliée.
68	31	si importantes *lisez* si impoſantes.
69	7	Hulstetaxel *lisez* Hulst & Axel.
69	19	une partie de ceux *lisez* une partie des soldats.
78	26	allez marquans *lisez* trop marquans.
79	1 & 2	rapprochées *lisez* rapprochés
85	11	de Septembre *lisez* 12 Décembre.
89	17	12 d'Octobre *lisez* 12 de Décembre.
92	28 & 29	convient *lisez* convînt.
97		partiels *lisez* partial.
101	27	ces anciens *lisez* ses anciens
140	9	la voie, *lisez* la voix.
154		ont agi *lisez* en ont agi.
155		s'y rendre *lisez* pour s'y rendre.
163	1 & 7	avoir *lisez* y avoir eu
163	23	étant bien *lisez* est bien

Page	Ligne	
174	34	essentiels *lisez* éventuels.
184	30	obstacles *lisez* les obstacles.
207	13	facilité *lisez* faciliter.
225	8	qui ait opéré *lisez* qui eût operé
227	2	marquent *lisez* marquoient.
233		Kan de Teltis *lisez* Teflis.
238	3 & 4	auroit influé *lisez* a influé.